Medienwissen kompakt

Reihe herausgegeben von
K. Beck, Greifswald, Deutschland
G. Reus, Hannover, Deutschland

Die Reihe Medienwissen kompakt greift aktuelle Fragen rund um Medien, Kommunikation, Journalismus und Öffentlichkeit auf und beleuchtet sie in eingängiger und knapper Form aus der Sicht der Publizistik- und Kommunikationswissenschaft. Die Bände richten sich an interessierte Laien ohne spezielle Fachkenntnisse sowie an Studierende anderer Sozial- und Geisteswissenschaften. Ausgewiesene Experten geben fundierte Antworten und stellen Befunde ihres Forschungsgebietes vor. Das Besondere daran ist: sie tun es in einer Sprache, die leicht, lebendig und jedermann verständlich sein soll.

Mit einer möglichst alltagsnahen Darstellung folgen Herausgeber und Autoren dem alten publizistischen Ideal, möglichst alle Leser zu erreichen. Deshalb verzichten wir auch auf einige Standards „akademischen" Schreibens und folgen stattdessen journalistischen Standards: In den Bänden dieser Reihe finden sich weder Fußnoten mit Anmerkungen noch detaillierte Quellenbelege bei Zitaten und Verweisen. Wie im Qualitätsjournalismus üblich, sind alle Zitate und Quellen selbstverständlich geprüft und können jederzeit nachgewiesen werden. Doch tauchen Belege mit Band- und Seitenangaben um der leichten Lesbarkeit willen nur in Ausnahmefällen im Text auf.

Weitere Bände in der Reihe http://www.springer.com/series/11553

Doreen Reifegerste · Eva Baumann

Medien und Gesundheit

 Springer VS

Doreen Reifegerste
Hannover, Deutschland

Eva Baumann
Hannover, Deutschland

Medienwissen kompakt
ISBN 978-3-658-20012-1   ISBN 978-3-658-20013-8   (eBook)
https://doi.org/10.1007/978-3-658-20013-8

Die Deutsche Nationalbibliothek verzeichnet diese Publikation in der Deutschen
Nationalbibliografie; detaillierte bibliografische Daten sind im Internet über
http://dnb.d-nb.de abrufbar.

Springer VS
© Springer Fachmedien Wiesbaden GmbH, ein Teil von Springer Nature 2018

Verantwortlich im Verlag: Barbara Emig-Roller

Gedruckt auf säurefreiem und chlorfrei gebleichtem Papier

Springer VS ist ein Imprint der eingetragenen Gesellschaft Springer Fachmedien
Wiesbaden GmbH und ist ein Teil von Springer Nature
Die Anschrift der Gesellschaft ist: Abraham-Lincoln-Str. 46, 65189 Wiesbaden, Germany

Inhalt

1. Einstieg: Welche Rolle spielen Medien für die Gesundheit?

Technologische Entwicklungen sowie eine enorme Ausdifferenzierung der Informations-, Kommunikations- und Medienangebote auf der einen Seite sowie mehr Mitbestimmung und Eigenverantwortung der Patienten auf der anderen Seite kennzeichnen den Umgang mit Krankheit heute. Dieses Kapitel gibt einen Überblick über die vielfältigen Perspektiven von Gesundheitskommunikation und erläutert an einigen Beispielen die zunehmende Bedeutung der Medien für Gesundheitsfragen.

Wie könnte mein Tagesablauf aussehen, wenn ich gesundheitsbewusst leben will und Medien für meine Zwecke zu nutzen weiß? Idealerweise starte ich gleich am Morgen mit meiner Fitness-App. Beim Joggen sagt mir eine Assistentin, ob ich zu schnell oder zu langsam laufe und wie lange ich noch laufen muss. Die Musik, die ich über meinen Musikstreaming-Dienst höre, hilft mir, nicht aus dem Takt zu kommen. Die App speichert meine heutigen Leistungsdaten, sodass ich sie mit denen vom Vortag oder mit denen meiner Kollegen vergleichen kann. An den meisten Tagen schaffe ich diese Morgenrunde im Park allerdings nicht, sondern sitze schon früh und abends viel zu lange im Büro am Computer

© Springer Fachmedien Wiesbaden GmbH, ein Teil von Springer Nature 2018
D. Reifegerste und E. Baumann, *Medien und Gesundheit*, Medienwissen kompakt, https://doi.org/10.1007/978-3-658-20013-8_1

und bewege mich weniger, als die Weltgesundheitsorganisation empfiehlt (150 Minuten pro Woche intensiv).

Am Nachmittag habe ich einen Arzttermin. Leider geht es in der Praxis anders zu als in meiner Lieblingsarztserie »Der Bergdoktor«, bei der die Wartezimmer stets leer sind und der Arzt immer Zeit für ein langes Gespräch hat. Im Wartezimmer verbringe ich 50 Minuten meiner Zeit damit, mir in den ausliegenden Zeitschriften und Broschüren die neuesten Diäten sowie Werbung für Medikamente oder Treppenlifte anzuschauen. In den fünf Minuten, die ich mit der Ärztin spreche, hat sie kein Verständnis für meine Sorgen über mögliche Nebenwirkungen meines Medikaments, über die ich mich in einem Onlineforum mit anderen (auch von meiner Krankheit) Betroffenen informiert habe. Ich nehme mir vor, ihr anschließend einen entsprechenden Kommentar auf einem Online-Bewertungsportal für Ärzte zu geben, weil ich merke, dass sie keine Zeit hat, sich meine Zweifel am Medikament anzuhören. Als ich anschließend in der Apotheke das wieder verschriebene Medikament (dem ich aufgrund der Beschreibungen im Internet nicht mehr ganz vertraue) abhole, bekomme ich zusätzlich noch die *Apotheken Umschau* ausgehändigt.

Beim Einkauf, den ich danach noch schnell erledige, muss ich bei bestimmten Lebensmitteln in meiner App für Allergiker nachschauen, ob mein Sohn diese verträgt. Als ich schließlich nach Hause komme, finde ich in meinem Briefkasten das Magazin meiner Krankenkasse, das zahlreiche Tipps zur gesunden Lebensführung und Informationen über ein neues Stressbewältigungsprogramm im Internet enthält. Ich bin mir unsicher, ob die Krankenversicherung damit nur Geld sparen will oder sich wirklich für meine Gesundheit interessiert.

Bereits an diesem Beispieltag wird deutlich, wie vielfältig das Wechselspiel von Mediennutzung und Gesundheit sein kann. Ganz verschiedene Medienangebote und Gesundheitsbereiche – von der Vorsorge bis zur Krankheitsbewältigung – sowie Gesundheitsakteure (z. B. Krankenversicherungen oder

Leistungserbringer wie Ärzte oder Kliniken) kommen darin vor, und die Kommunikation ist von unterschiedlichen Interessen der beteiligten Personen und Institutionen geprägt. Gesundheit hat in unserer Gesellschaft einen hohen Stellenwert, und ihre Bedeutung nimmt weiter zu. Durch die demografische Entwicklung (mit einer im Durchschnitt immer älteren Bevölkerung) steigen auch der Versorgungsbedarf und das Interesse an Gesundheitsthemen sowie die Ausgaben für medizinische Maßnahmen. Der Umfang der medizinischen Forschung ist beträchtlich und bringt stetig neue Entwicklungen und damit auch neue Möglichkeiten für Therapie, Rehabilitation und Pflege, aber auch für die Vorhersage von Krankheiten (z. B. in der Gendiagnostik) sowie für den Transfer von Gesundheitsdaten hervor. Der Gesundheitsmarkt hat somit auch eine enorme wirtschaftliche Bedeutung und stellt Gesundheitsakteure vor entsprechende Marketing-Herausforderungen (z. B. indem sie ihre Klinik bewerben müssen).

Entwicklung der Medienlandschaft und gesundheitsbezogener Inhalte

Der technische Fortschritt hat aber auch in der Medienlandschaft allgemein zu massiven Veränderungen geführt. Der beispielhafte Tagesablauf zeigt, dass im Alltag ganz unterschiedliche Medienformen – von Printmedien über Fernsehen und Internet bis hin zu Social Media – mit ganz verschiedenen Inhalten und Darbietungsformen genutzt werden. Sachinformationen, Unterhaltungsserien und Apps, ja sogar Werbung können dabei helfen, sich Orientierung und Unterstützung zu verschaffen oder Unsicherheiten im Zusammenhang mit gesundheitsrelevanten Entscheidungen zu verringern.

Die teils rasanten medientechnologischen Entwicklungen entfalten allerdings unter Umständen auch unabhängig vom Kommunikationsinhalt eine große Bedeutung für die Gesundheit. So kann zum Beispiel eine exzessive Handynutzung zu gesundheitlichen Beeinträchtigungen führen oder die gezielte Musikauswahl über einen Streaming-Dienst anregend auf das Nervensystem einwirken.

Persönliche Kommunikation besteht lediglich aus Sprache, Gestik und Mimik. Zunehmend finden Gespräche zwischen einzelnen Personen aber medienvermittelt, d. h. telefonisch, per Videotelefonie, in der Online-Community oder per Messengerdienst statt. Dementsprechend kann auch Gesundheitsberatung oder ein Gespräch zwischen Arzt und Patienten inzwischen in einer Videosprechstunde stattfinden, oder Rezeptbestellungen werden per WhatsApp versendet. Es sind zahlreiche Mediengeräte und Medienformen entstanden, die den Austausch zwischen einzelnen Personen ermöglichen und sich auch für Fragen zu Gesundheit und Krankheit anbieten. Die Möglichkeiten, per E-Mail oder über soziale Medien in Kontakt zu treten, haben die Kommunikation mit Familienmitgliedern, Freunden und Bekannten (nicht nur, aber auch bei Gesundheitsthemen) deutlich verändert.

Um Informationen für größere Bevölkerungsgruppen aufzubereiten, wurden in der Vergangenheit vor allem Printmedien und audiovisuelle Medien als technisches Mittel genutzt. Zu den Printmedien zählen Zeitungen und Zeitschriften, die bis Anfang des 19. Jahrhunderts die einzigen sogenannten Massenmedien darstellten. Bekanntes Beispiel ist die *Apotheken Umschau,* die mit einer Auflage von rund neun Millionen Exemplaren immer noch zu den populärsten Medien für Gesundheitsthemen zählt. Viele Zeitungen und Zeitschriften haben ein eigenes Ressort, eine spezielle Beilage (z. B. *ZEIT doctor*) oder sogar eigene Magazine (z. B. *Focus Gesundheit* oder *Stern – Gesund leben*) zum Thema Gesundheit. Zu den Printmedien gehören aber auch Flyer, Plakate, Außenwerbung, Postkarten oder Broschüren, die meist in Gesundheitskampagnen oder im Gesundheitsmarketing eingesetzt werden.

Nach den Printmedien entwickelten sich zunächst das

Radio und dann das Fernsehen zu weit verbreiteten Medien, die auch allgemeine Gesundinformationen (z. B. in Ratgebersendungen, Präventionskampagnen oder Krankenhausserien) vermitteln. So werden von der ARD und ihren dritten Programmen Formate wie »Ratgeber Gesundheit«, »Visite« (NDR), »Praxis« (rbb), »Gesundheit!« (BR) oder »Hauptsache Gesund« (mdr) produziert und erfreuen sich recht großer und anhaltender Beliebtheit, insbesondere bei älteren Zielgruppen. Neben den sachlichen, informationsorientierten Angeboten finden sich dort auch Gesundheitsinhalte in Unterhaltungssendungen, wie Arzt- und Krankenhausserien, aber auch in Daily Soaps oder Spielfilmen, in denen Krankheitsgeschichten erzählt werden. Spezifische Gesundheitsinformationen über bestimmte Symptome und Behandlungsformen einer Erkrankung wurden früher hingegen vorrangig von Ärzten, Apothekern und anderen Gesundheitsexperten, Beratungsstellen oder in Form von Broschüren und medizinischen Nachschlagewerken vermittelt.

Inzwischen finden sowohl die Gespräche zwischen einzelnen Personen als auch die Verbreitung von Inhalten zu einem beachtlichen Teil mithilfe digitaler Medien statt. Digitale Medien, die häufig als neue Medien oder Onlinemedien bezeichnet werden, beinhalten alle Medienformen, die auf Computertechnik beruhen. Durch die Entwicklung des Internets in den 1990er Jahren, die Foren und Communities, E-Mails, Webseiten und schließlich auch soziale Medien wie Facebook und Twitter sowie Apps mit sich brachte, hat sich die Verfügbarkeit von medialen Gesundheitsinformationen enorm ausgeweitet. Vor allem für Informationszwecke hat sich das Internet als relevante und in seiner Bedeutung wachsende Plattform für gesundheitsbezogene Themen und Akteure etabliert. Auf Endgeräten wie Smartphones können die Inhalte sowohl zeitlich unabhängig als auch mobil genutzt werden. Sie bieten z. B. durch Gesundheits-Apps weitere Möglichkeiten, Medien interaktiv einzusetzen und können in positiver wie negativer

Form entsprechend vielfältige Auswirkungen auf Gesundheit und Wohlbefinden haben.

Über soziale Netzwerkmedien können Nutzerinnen und Nutzer nicht nur selbst nach Rat, Informationen und Unterstützung suchen, sondern diese auch für andere bereitstellen. Dies geschieht meist unter Gesundheitslaien und ohne den Austausch mit oder die Moderation von medizinischen Expertinnen und Experten und birgt daher die Gefahr von Fehlinformationen. So erhalten Patientinnen und Patienten in Online-Selbsthilfegruppen gut gemeinten Rat von anderen Betroffenen, deren Krankheitsbild aber vielleicht gar nicht vergleichbar ist, oder Impfgegner bestätigen sich gegenseitig in ihren Ansichten zu den Risiken einer Impfung.

Unter dem Begriff *eHealth* werden alle elektronischen Kommunikationsformen im Kontext von Prävention und Gesundheitsversorgung zusammengefasst. Die neuen digitalen Kommunikationswege ermöglichen also Interessierten bzw. Betroffenen den Zugang zu einem unüberschaubaren Angebot an Gesundheitsinformationen. Davon profitieren auch jene Personen, die aufgrund ihrer körperlichen oder psychischen Verfassung oder auch ihres Wohnortes keinen Arzt aufsuchen können. So werden inzwischen Videosprechstunden oder Onlinetherapieprogramme für Depression von den Krankenkassen übernommen. Als Teilbereich von *eHealth* wird unter dem Begriff *mHealth* die gesundheitsbezogene Kommunikation mit mobilen Medien zusammengefasst. Diese kann beispielsweise durch die Nutzung von Gesundheitsapps oder durch Textnachrichten auf dem Smartphone erfolgen.

Medien in Prävention, Gesundheitsförderung und -versorgung

Für die zunehmende Relevanz des Themas sprechen noch weitere Gründe, wie der zunehmende Einsatz von Medien in der medizinischen Versorgung. So werden beispielsweise Patientenakten elektronisch verwaltet und können somit online verfügbar gemacht werden. Das verschafft der professionellen Kommunikation zwischen Kliniken, verschiedenen Ärzten und weiteren Gesundheitsakteuren zwar neue Möglichkeiten, berührt aber immer wieder auch Aspekte des Datenschutzes. Darüber hinaus bieten Ärztinnen und Ärzte Videosprechstunden an oder operieren mit einem ferngesteuerten Roboter Patienten, die in einem weit entfernten Krankenhaus stationiert sind.

Im Rahmen der medizinischen Versorgung werden die gesundheitsbezogenen Informationen ebenfalls immer wichtiger. Zum einen, weil diese Informationen in den digitalen Medien sehr umfangreich verfügbar und zugleich oft schwer zu bewerten sind. Zum anderen verändert sich auch die Rolle der Patienten im Gesundheitssystem. Sie sind nicht länger passive Empfänger von Gesundheitsleistungen, sondern sind zu erhöhter Eigenverantwortung aufgerufen und damit gefordert, sich an Gesundheitsentscheidungen zu beteiligen. Von ihnen wird erwartet, dass sie gesundheitskompetent nach Informationen suchen, diese verstehen, bewerten und kritisch hinterfragen und sich dann in Einklang mit ihren persönlichen Präferenzen für eine passende medizinische Option entscheiden. Informationssuche und -austausch schließt dabei auch die Kommunikation zwischen Versicherten und Patienten ein, die beispielsweise über Online-Communities erfolgt. Für die Einschätzung von medizinischen Einrichtungen stehen den Patienten verschiedene Bewertungsportale zur Verfügung, in denen sie die Urteile anderer Patienten lesen und ihre eigene Meinung äußern können. Dies verlangt nicht nur von den Patienten, sondern auch von den Akteuren im medizinischen Bereich einen verantwortungsvollen und kompetenten Umgang mit digitalen Medien und den verschiedenen Interaktionsmöglichkeiten. Für Ärzte und Ärztinnen kann auch die Kommunikation mit (im medizinischen Sinne) falsch informierten Patienten eine neue Herausforderung darstellen. Dazu gehört, dass sie die Informationsquellen ihrer Patientinnen und Patienten einordnen und Ratschläge für gute Informationsquellen geben können.

Da der Zugang zu Gesundheitsinformationen und deren effektive Nutzung in der Bevölkerung ungleich verteilt sind, kann dies auch zu sozialen Unterschieden in Gesundheitsversorgung und Gesundheitszustand führen. Aufgrund der steigenden Lebenserwartung der Bevölkerung nehmen die Gesundheitskosten zu, was wiederum die Bedeutung von Prävention und entsprechenden Kommunikationskampagnen erhöht. Um diesen Herausforderungen zu begegnen, also Prävention und Gesundheitsförderung in verschiedenen Zielgruppen zu betreiben, setzen verschiedene Gesundheitsakteure wie Krankenversicherungen oder die Bundeszentrale für gesundheitliche Aufklärung Medien in entsprechenden Präventionsprogrammen und Maßnahmen der Gesundheitsbildung und Aufklärung ein.

Medien erfüllen somit vielfältige wichtige Funktionen im Gesundheitswesen, die sowohl positive als auch negative Effekte mit sich bringen können. Wir möchten in diesem Band die verschiedenen Rollen, die Medien für die Gesundheit spielen können, aufzeigen. Im Detail möchten wir klären:

- Welche Rolle spielt Gesundheit in den Medien?
- Wie und wo werden mediale Gesundheitsinformationen genutzt?
- Wie wird in Kommunikationskampagnen versucht, die Gesundheit zu beeinflussen?
- Wie beeinflusst die Mediennutzung unsere Gesundheit?

2. Aufbau des Bandes

Die Begriffe »Gesundheit« und »Medien« sind fester Bestandteil unserer Alltagssprache, können jedoch ganz unterschiedliche Bedeutungen haben. Es gibt nicht nur die vielen in der Einleitung beschriebenen verschiedenen Medientechnologien und -endgeräte, Medienformate und Medieninhalte, sondern auch sehr unterschiedliche Perspektiven darauf, was Gesundheit ist.

Zunächst ist mit Gesundheit meist die Abwesenheit oder Bewältigung von Krankheit gemeint. Häufig konzentriert man sich dabei nur auf die körperlichen Parameter, wie beispielsweise die Funktionsfähigkeit der Organe. Die Weltgesundheitsorganisation vertritt eine positive, an den Ressourcen zur Gesunderhaltung und Krankheitsbewältigung orientierte Sicht und bezieht in ihrer erweiterten Definition von Gesundheit neben physischen ebenso psychische und soziale Aspekte der Gesundheit mit ein. Unter Gesundheit versteht man daher nicht nur die körperliche Unversehrtheit (d. h. die Freiheit von physischen Beschwerden und Beeinträchtigungen) und das psychische Wohlbefinden (und damit Lebensqualität), sondern auch die sinnstiftende Zugehörigkeit zu einer

© Springer Fachmedien Wiesbaden GmbH, ein Teil von Springer Nature 2018
D. Reifegerste und E. Baumann, *Medien und Gesundheit*, Medienwissen kompakt, https://doi.org/10.1007/978-3-658-20013-8_2

Gemeinschaft (d. h. die Zufriedenheit mit der Familie, dem Arbeitsumfeld oder dem Freundeskreis).

Lange hat man sich auf die krankmachenden Faktoren konzentriert und untersucht, welche Ursachen eine Krankheit hat und wie man Risikofaktoren beseitigen kann. Inzwischen hat sich diese Perspektive erweitert, und es wird gleichzeitig untersucht, wie es gelingt, die Funktionsfähigkeit aufrechtzuerhalten und welche Ressourcen uns stärken. Aaron Antonovsky hat dafür den Begriff »Salutogenese« (im Gegensatz zu »Pathogenese«) geprägt. Hier steht die Frage im Mittelpunkt, was den Menschen gesund erhält, und nicht, warum er krank wird. Entsprechend konzentrieren sich die Bemühungen nicht nur auf die Vorbeugung von Krankheiten (d. h. Prävention), die Reduktion der Krankheitslast und die Beseitigung von Krankheitsfolgen, sondern auch auf die Erhaltung und Verbesserung des Gesundheitszustands (d. h. Gesundheitsförderung) und die Widerstandskraft gegen mögliche Belastungen (d. h. Resilienz).

Wie Medien zur Gesundheitsförderung, Krankheitsvermeidung und -bewältigung genutzt werden, hängt maßgeblich von den handelnden Akteuren und ihren Zielen oder Interessen ab. Zu diesen Akteuren gehören in erster Linie die sogenannten Leistungserbringer. Sie sind als niedergelassene Ärzte, Therapeuten und medizinisches Personal in Kliniken für die ambulante und stationäre Versorgung der Kranken zuständig. Die Medizintechnikindustrie, Pharmaunternehmen, Sanitätshäuser oder Gerätehersteller liefern die Medikamente oder Hilfsmittel (wie ein Pflegebett oder einen Rollstuhl) für diese Versorgung. Ihre Interessen sollten vor allem der Genesung des Patienten gelten, sie werden aber zunehmend durch wirtschaftliche Anliegen gesteuert.

Die Finanzierung der Gesundheitsversorgung wird in Deutschland größtenteils von den gesetzlichen und privaten Krankenkassen übernommen und unterliegt umfangreichen gesetzlichen Rahmenbedingungen. Das führt zu komplexen Strukturen und Abrechnungssystemen. Während das Interesse der privaten Krankenkassen vor allem in einer profitablen Finanzierung (durch individuelle Kalkulation der Risiken) liegt, sind die gesetzlichen Krankenversicherungen auf eine solidarische Finanzierung ausgerichtet. Das bedeutet, dass jeder Versicherte nur den Beitrag zahlen muss, der seinem Einkommen entspricht. Trotzdem steht nach dem Bedarfsprinzip jeder Person unabhängig von ihrem Einkommen bzw. der Beitragshöhe der Anspruch auf gleiche Leistungen zu.

Der Staat versucht – sowohl als Gesetzgeber wie auch in Form verschiedener Behörden –, die Gesundheitsversorgung so zu organisieren, dass sie bezahlbar bleibt und akute Notlagen für die allgemeine Bevölkerung vermieden werden. Dies zeigt sich etwa an zahlreichen Gesundheitsreformen, die immer wieder darauf abzielen, die Finanzierbarkeit zu verbessern. Es zeigt sich auch an Aufklärungskampagnen, die versuchen, die Bevölkerung gesundheitsbewusster zu machen, oder an Kommunikationsarbeit, die die Menschen in einer Krisensituation zu schützen hilft. Beispiele sind die seit 30 Jahren laufende Kampagne der Bundeszentrale für gesundheitliche Aufklärung »Gib AIDS keine Chance« (seit Mai 2016: »Liebesleben«), die Bewegungsförderungskampagne »3 000 Schritte – einfach gesünder« der ehemaligen Gesundheitsministerin Ulla Schmidt oder die Pressemeldungen des Robert-Koch-Instituts (eine zentrale Einrichtung der Bundesregierung) beim Ausbruch des EHEC-Virus.

Auch Medienunternehmen, die das Interesse der Bevölkerung an Gesundheitsthemen nutzen, sind Akteure auf dem Gesundheitsmarkt. Sie versuchen, sich mit ihren Medienprodukten wie Unterhaltungsserien, Ratgebersendungen, Zeitschriften und Büchern, die Gesundheitsinformationen enthalten, zu verkaufen. Dies gilt auch für Unternehmen der Informations- und Kommunikationsbranche, die sich beispielsweise durch

Gesundheits- und Fitness-Apps oder sogenannte Wearables wie Smartwatches und Fitnessarmbänder am Markt platzieren wollen.

Nicht zuletzt sind die Patientinnen und Patienten (sowie Personen die noch keine Patienten sind) wichtige Akteure auf dem Gesundheitsmarkt. Sie sind zum einen Betroffene, indem sie entweder an einer Krankheit leiden oder diese verhindern wollen. Gesundheitsinformationen können hier lebenswichtige Entscheidungen beeinflussen. Zum anderen möchten sie fit und gesund bleiben und Erkrankungen verhindern, indem sie sich beispielsweise gesund ernähren oder Sport treiben. Als Konsumenten des sogenannten dritten und vierten Gesundheitsmarktes sind sie Zielgruppe der Gesundheits-, Fitness-, Wellness-, Lebensmittel- und Touristikbranche sowie der Medien, die hierzu Informationen anbieten.

Je nachdem, welche dieser Akteure man ins Zentrum der Betrachtung rückt, können Medien zu unterschiedlichen Zwecken genutzt und auf unterschiedliche Art für die Gesundheit der Bevölkerung wichtig werden. Im Aufbau dieses Bandes wird dies berücksichtigt. In den einzelnen Kapiteln stehen jeweils die unterschiedlichen Akteure und ihre Interessen im Zentrum der Betrachtung.

Das folgende Kapitel lenkt das Augenmerk auf die Medieninhalte, die vor allem von Leistungserbringern, von staatlichen und anderen Non-Profit-Organisationen und Medienunternehmen produziert werden. Zunehmend kommunizieren aber auch die Betroffenen selbst. Entsprechend enthalten die Medien sowohl journalistische und fiktionale Angebote als auch von Nutzern selbst erstellte Inhalte (sog. User-Generated Content).

Das darauffolgende vierte Kapitel stellt vor allem die Mediennutzung der Bevölkerung und damit die Perspektive der Versicherten und Patienten in den Vordergrund. Verschiedene Studien zeigen, welche Medien und welche nicht-medialen

Informationsquellen die Betroffenen und Interessierten nutzen und mit welchen Zielen sie dies tun.

Das Anliegen des fünften Kapitels ist es zu verdeutlichen, warum welche Inhalte und Strategien von staatlichen und nicht-staatlichen Organisationen genutzt werden, um Gesundheit zu fördern, Krankheiten vorzubeugen, sie zu behandeln und zu bewältigen. Hier geht es folglich vor allem um beabsichtigte Wirkungen strategischer Gesundheitskommunikation, d. h. die gezielte Beeinflussung verschiedener Risiko- und Zielgruppen durch Kommunikation.

Im sechsten Kapitel steht schließlich nicht die beabsichtigte, sondern die in der Regel ungewollte Wirkung der Medien auf die Gesundheit im Mittelpunkt. Während bei Gesundheitskampagnen die Medien helfen sollen, gesundheitsrelevante Ziele zu erreichen, kann die allgemeine Mediennutzung Folgen für die Gesundheit haben, die von keinem der genannten Akteure beabsichtigt sind und dennoch – sowohl in positiver als auch in negativer Weise – gravierend sein können. Wir unterscheiden also zwischen gesundheitsbezogenen, d. h. expliziten Informationen zu Gesundheits- und Krankheitsthemen und anderen gesundheitsrelevanten Medieninhalten. Das sind Inhalte, die zwar primär keine Gesundheitsthemen enthalten bzw. ansprechen (z. B. Videospiele oder Unterhaltungsshows), aber trotzdem gesundheitliche Konsequenzen (z. B. für das Bewegungs- oder Ernährungsverhalten) haben können.

Das Fazit greift am Schluss noch einmal wichtige Aspekte der voranstehenden Kapitel auf und diskutiert die Frage, wie sich die Rolle der Medien für Gesundheit und Krankheit vor dem Hintergrund demografischer, gesellschaftlicher und medialer Veränderungen entwickeln wird.

3. Gesundheitsthemen in den Medien

Gesundheitsthemen werden in ganz unterschiedlichen Kommunikations-
kanälen und in ganz verschiedenen Formaten präsentiert. Dabei sind einige Themen und Darstellungsweisen deutlich häufiger als andere. Da sowohl Experten als auch Laien Gesundheitsinformationen erstellen, ist die
Qualität der Medieninhalte, insbesondere in sozialen Medien, sehr unterschiedlich. Beispielhaft wird die Vielfalt der Medieninhalte an den Themen
Ernährung und Krebs aufgezeigt.

Die Zeitschrift *Der Spiegel* verspricht auf dem Titelblatt
die Formel für ein gesundes Leben; das Robert-Koch-
Institut gibt per »STIKO-App« Empfehlungen zu Impfungen; eine Freundin postet auf Facebook einen Beitrag über
die Nachwehen ihres abendlichen Alkoholkonsums; im Fernsehen läuft die neue Staffel von »Dr. House«; ein YouTuber
lädt ein neues Video über seine neuesten Bodybuilding-Erfol-
ge hoch. Auf Zigarettenschachteln prangen furchterregende
Bilder, die vor den Folgen des Tabakkonsums warnen sollen.
Aber es geht auch mit Humor: So hängt an der Bushaltestel-
le ein Plakat mit einem Cartoon, der auffordert zum Arzt zu
gehen, »wenn's da unten juckt« (aus der »Liebesleben«-Kam-
pagne der Bundeszentrale für gesundheitliche Aufklärung),

© Springer Fachmedien Wiesbaden GmbH, ein Teil von Springer Nature 2018
D. Reifegerste und E. Baumann, *Medien und Gesundheit*, Medienwissen
kompakt, https://doi.org/10.1007/978-3-658-20013-8_3

und von Eckart von Hirschhausen erscheint ein neues Buch über den humorvollen Umgang mit medizinischen Erkenntnissen. Diese Beispiele zeigen, wie verschiedene Gesundheitsinhalte in den jeweiligen Medienformaten ganz unterschiedlich präsentiert werden. Das Spektrum reicht dabei von eher sachlich-informativen Darstellungen in Nachrichten- oder Ratgeberformaten über die fiktiven Erzählungen in Unterhaltungsserien oder Botschaften, die zu gesundheitsförderndem Verhalten anregen sollen, bis zum interaktiven Austausch über das persönliche Gesundheitsverhalten in sozialen Netzwerkmedien. Die Themen erscheinen dabei in unterschiedlichen Medienkanälen (z. B. Fernsehen, Zeitungen, Internet, Kampagnenmedien) und Vermittlungsformen (informativ und/ oder unterhaltend, textlich, bildlich oder audiovisuell).

In den Massenmedien sind Gesundheitsthemen z. B. in Ratgebersendungen, in verschiedenen Rubriken der Tageszeitung, in Fitness- oder Gesundheitszeitschriften, aber auch in Krankenhausserien, Spielfilmen oder Büchern präsent. Zudem gibt es eine Vielzahl an Plakaten und Postern, Broschüren und Flyern, die der Information und Aufklärung über Gesundheitsthemen dienen. Dafür werden zunehmend auch digitale Kommunikationswege und mobile Anwendungen – häufig unter den Stichworten *eHealth* und *mHealth* – genutzt. Diese ermöglichen durch interaktive Funktionen und individualisierbare Profile einen besonders passgenauen Zuschnitt der Informationen auf die Nutzerinnen und Nutzer.

Gesundheitsthemen in Nachrichtenformaten

Nachrichtensendungen und Printmedien thematisieren vorrangig akute Gesundheitsrisiken (z. B. durch Viren oder Keime) sowie Diagnose- und Behandlungsmethoden bestimmter Krankheiten. Daneben sind auch Schutz- oder Früherkennungsmaßnahmen (z. B. Impfen, Mammografie) und Innova-

tionen im medizintechnologischen oder pharmakologischen
Bereich Gegenstand der regelmäßigen Berichterstattung. Hier
geht es häufig um Fortschritte der Medizin, wobei eher selten die Positionen von Befürwortern denen der Kritiker dif-
ferenziert gegenübergestellt und abgewogen werden. Noch
viel seltener berichten Nachrichtenmedien über Fragen der
Gesundheitspolitik, der Gesundheitsversorgung und der Finanzierung des Gesundheitssystems. Allerdings werden zunehmend auch die ethischen Folgen und die Kosten der medizinischen Forschung und Versorgung öffentlich diskutiert.
Die »eigentlichen« Gesundheitsthemen, die den Schwerpunkt
auf Gesundheit, Wohlbefinden und Wellness statt auf Krankheit und Risiken legen, finden sich dagegen viel häufiger in
Zeitschriften, Büchern oder Broschüren als in den klassischen
tagesaktuellen Nachrichtenformaten wieder.

Den Massenmedien kommt eine wichtige Rolle in Krisensituationen wie z. B. beim großflächigen Ausbruch von
Krankheiten zu. Hier übernehmen sie die Aufgabe, die Bevölkerung innerhalb kurzer Zeit zu informieren und Verhal-
tensempfehlungen zu geben. Die Kommunikation beim Ausbruch des EHEC-Bakteriums im Jahr 2011 hat gezeigt, dass
dies mitunter schwierig sein kann, wenn von staatlicher oder
wissenschaftlicher Seite kein gesichertes Wissen für die Berichterstattung zur Verfügung steht. Das Robert-Koch-Insti-
tut wusste lange Zeit nicht, woher genau die Erreger kamen,
und konnte so nur vage Informationen für die Medien zur
Verfügung stellen. Der Ausbruch des Ebola-Fiebers 2013, das
dramatische Folgen für die westafrikanische Gesellschaft hatte, aber keine pandemischen Ausmaße annahm, führte auch
in den nicht akut bedrohten Staaten wie Deutschland zu einer öffentlichen Diskussion mit teils apokalyptischen Vor-
hersagen. Das Ergebnis war ein medialer Diskurs, der Angst,
Unsicherheit und Panik auslöste und zeitweise zu einer regel-
rechten Ebola-Hysterie führte.

Die Präsenz einzelner Krankheitsbilder in den Medien

steht meist in keinem Verhältnis zur tatsächlichen Anzahl der Betroffenen oder der Sterberate. So ist über die Krankheit Schuppenflechte (von der etwa zwei Millionen Menschen in Deutschland betroffen sind) vergleichsweise wenig zu hören, zu sehen und zu lesen, während HIV/AIDS (womit rund 85 000 Menschen in Deutschland leben müssen) viel ausführlicher und häufiger von den Medien thematisiert wird. Grund für diese Verzerrung sind die Selektionskriterien der Journalistinnen und Journalisten, die sich weniger an den Krankheitsstatistiken als an den Eigenschaften der Themen und Ereignisse sowie an den Interessen ihres Publikums ausrichten. Journalisten berichten vor allem über Gesundheitsrisiken, die kurzfristig viele Menschen bedrohen, besonders dramatisch oder außergewöhnlich erscheinen, überraschen oder von Wissenschaftlern und Gesundheitsinstitutionen kontrovers diskutiert werden. Sind wichtige Persönlichkeiten und Prominente involviert, steigt die Wahrscheinlichkeit der Berichterstattung über das Thema noch einmal deutlich an. Unspektakuläres, positive Erfahrungen und unproblematische Verläufe sind für Journalisten eher weniger berichtenswert. In der Kommunikationswissenschaft spricht man dann von einem größeren oder geringeren »Nachrichtenwert«.

Die Erkrankung eines Prominenten kann also zu einer deutlichen Zunahme in der Berichterstattung über ein bestimmtes Thema führen, ohne dass sich an der Erkrankungsrate etwas geändert hat. So führte die AIDS-Erkrankung des Schauspielers Rock Hudson und sein Tod im Herbst 1985 dazu, dass die Krankheit auch in der breiten Bevölkerung bekannt wurde. Auch die beidseitige Brustamputation, zu der sich Angelina Jolie 2013 vorsorglich entschlossen hatte, da sie Trägerin eines Gendefektes ist, der das Brustkrebsrisiko deutlich erhöht, führte zu einer erhöhten medialen und gesellschaftlichen Aufmerksamkeit für Gendiagnostik.

Neben den journalistischen Selektionskriterien kann die mediale Verzerrung auch zusammenhängen mit einer Tabuisierung bestimmter Themen in der Gesellschaft oder der interessengeleiteten Öffentlichkeitsarbeit von Akteuren der Gesundheitswirtschaft. So wird über psychische Erkrankungen deutlich weniger berichtet als über körperliche Krankheiten. Eine Ausnahme stellt allerdings Burnout dar, eine Form der Depression, die unter anderem auch mit Medikamenten behandelt werden kann. Hier wird den Pharmaunternehmen und Journalisten vorgeworfen, dass sie durch gezielte Informationen über die Symptome vorrangig eine medikamentöse Behandlung empfehlen. Da pharmazeutische Produkte eine enorme wirtschaftliche Bedeutung haben, gibt es zahlreiche Versuche, deren Bekanntheit und Nutzung durch Pressearbeit zu unterstützen. Kritiker vermuten, dass sich die Medienunternehmen durch die beträchtlichen Einnahmen aus der Werbung für rezeptfreie Medikamente von der Pharmaindustrie abhängig machten, was sich manchmal auch in der Berichterstattung niederschlage – auch wenn dies einen klaren Verstoß gegen den Pressekodex darstellen würde.

Mediale Verzerrungen ergeben sich nicht nur aus der überdurchschnittlich häufigen oder der zu seltenen Präsenz einer Krankheit in den Medien. Verzerrungen können auch dadurch zustande kommen, dass ein Thema in den Medien nur aus bestimmten Perspektiven betrachtet wird. Wenn Journalistinnen und Journalisten denselben Gegenstand unterschiedlich darstellen, sprechen Kommunikationswissenschaftler von unterschiedlichen »Frames«, d. h. Rahmen, die verwendet werden, um bestimmte Aspekte des Themenkomplexes zu betonen oder zu vernachlässigen. Bei einem Artikel über Gendiagnostik könnten etwa die Möglichkeiten der individuellen Prävention euphorisch beschrieben werden, während mögliche negative Folgen einer solchen Diagnose und die Herausforderungen, vor denen Betroffene im Umgang mit der Risikoinformation stehen, unerwähnt bleiben. Diese oder andere Aspekte wie beispielsweise die Kosten oder mögliche Auswirkungen auf die Krankenversicherung könnten aber in

einem anderen Artikel den zentralen Inhalt darstellen. Wenn
sich einzelne Medien auf bestimmte Frames konzentrieren,
kann es bei Mediennutzern, die sich nur aus einer Quelle informieren, zu einer entsprechend verzerrten Einschätzung
des Themas kommen.

Über alle Gesundheitsthemen hinweg zeigt sich, dass individuelle Ursachen und Lösungsmöglichkeiten für ein Gesundheitsproblem (wie z. B. Übergewicht) häufiger betont
werden als die sozialen oder gesellschaftlichen Ursachen und
Lösungsmöglichkeiten. Dies kann dazu führen, dass die Bevölkerung eher die einzelne Person für das Problem verantwortlich macht und staatliche oder organisationale Inter-
ventionen (wie beispielsweise vom Arbeitgeber) als weniger
wichtig erachtet. Auch kann es dazu führen, dass sich Betroffene stigmatisiert fühlen und sich nicht trauen, über ihre Erkrankung zu sprechen.

Eine andere Möglichkeit der Rahmung eines Themas besteht darin, die persönliche Geschichte eines Betroffenen
oder Angehörigen zu erzählen. Diese Form des Framings
nutzen Journalistinnen und Journalisten gerne, da solche
Narrative in der Regel anschaulicher, greifbarer, leichter verständlich und emotional ansprechender und damit attrakti-
ver für das Publikum sind als abstrakte Statistiken. Eine der-
art personalisierte Darstellung kann aber, wie die Betonung
der individuellen Risiken, dazu führen, dass eher der Einzelne als die Gesellschaft für ein Problem verantwortlich gemacht wird.

Um Zahlen und Fakten zu einem Thema leichter verständlich zu machen und die Anschaulichkeit statistischer Daten
zu erhöhen, werden zunehmend Grafiken erstellt, die die Ver-
hältnisse der Zahlen visualisieren. Zahlreiche Beispiele hierzu finden sich in der Wochenzeitung *Die Zeit* (u. a. zur Entwicklung des Tabakkonsums in der Serie »Wissen in Bildern«
vom Dezember 2015) oder auf der Bilderplattform Pinterest.
Auch werden anstelle von Prozentzahlen eher natürliche Zah-

len verwendet (z. B. »2 von 100 Patienten versterben an der
Erkrankung« statt »2-prozentige Mortalitätsrate«).

Gesundheitsthemen in Unterhaltungsformaten

Neben der eher sachlich-informativen Darstellung von Gesundheit und Krankheit finden sich auch zahlreiche unter-
haltende Formate, in denen Gesundheit thematisiert wird. So
kommen explizit gesundheitsbezogene oder gesundheitsrelevante Themen wie z. B. Körperideale oder Alkoholkonsum in
Spielfilmen, Serien oder Fernsehshows, aber auch in belletris-
tischer Literatur vor und können ganz unterschiedliche Wirkungen auf die Leser und Zuschauer entfalten. So erscheint
beispielsweise Alkohol-, Tabak- oder Drogenkonsum häufig
als Möglichkeit, mit kritischen Lebensereignissen fertig zu
werden. Ebenso tragen idealisierte Körperbilder von schlan-
ken und trainierten Schauspielerinnen und Schauspielern bei
Menschen, die bereits ein negatives Selbstbild haben, möglicherweise zu erhöhter Körperunzufriedenheit und geringe-
rem Selbstwertgefühl bei. Auch kann die Darstellung der Gesundheitsversorgung in Arzt- oder Krankenserien wie dem
»Bergdoktor« (ZDF) oder der Serie »In aller Freundschaft«
(ARD) unrealistische Erwartungen an die ärztliche Behandlung und den Krankenhausaufenthalt sowie den Umgang mit
Krankheiten entstehen lassen.

Häufig beabsichtigen die Produzenten von Unterhaltungsangeboten gar keine Wirkung auf Einstellungen und Verhaltensweisen. In einigen Fällen werden aber Gesundheitsthemen
auch gezielt in Unterhaltungsformate integriert, um hierdurch
Wissen und gesundheitsrelevante Einstellungen der Mediennutzer positiv zu beeinflussen. Solche »Entertainment Education« findet sich vor allem in Kindersendungen. So hat beispielsweise das Krümelmonster in der »Sesamstraße« gelernt,
dass es Kekse in begrenzter Menge essen sollte, Äpfel hingegen

öfter zu sich nehmen kann. Aber auch Serien für Erwachsene lassen sich für die Gesundheitsaufklärung nutzen. So wurde in den 8oer Jahren die Ansteckung mit HIV in der »Lindenstraße«, einer der erfolgreichsten Serien im deutschen Fernsehen, thematisiert. Eine Serienfigur erfuhr durch eine Blutspende von der Infektion und die Zuschauer konnten miterleben, wie er sich danach über die Krankheit informiert, wie seine Partnerin, seine Nachbarn und schließlich auch sein Arbeitgeber davon erfuhren und er schließlich daran stirbt. Die Produzenten wollten damit zeigen, dass sich jeder mit dem HI-Virus anstecken kann und nicht nur homosexuelle Menschen davon betroffen sind. Außerdem zeigte die Serie auch die sozialen Probleme der AIDS-Erkrankung: Dem Erkrankten wurde gekündigt, und sein Hausverwalter wollte sogar die Beendigung des Mietverhältnisses erzwingen. Im Gegensatz zu Nachrichtenformaten können Unterhaltungsformate emotionaler und persönlicher über ein Gesundheitsthema berichten, die Zuschauer in die Handlung involvieren, Beobachtungslernen aktivieren und Identifikationsangebote schaffen.

Gesundheitsthemen in Onlinemedien

Während der Leser von Printmedien oder die Fernsehzuschauerin eher passiv bleibt, ermöglichen und verlangen digitale Onlinemedien ein deutlich höheres Maß an Aktivität und Beteiligung der Nutzer. Dies beginnt mit der Entscheidung, nach welchen Informationen sie überhaupt suchen. Im Internet können die Nutzerinnen und Nutzer aus einer großen Informationsmenge sehr spezifische und für sich passende Informationen und Unterstützungsangebote aussuchen. Online-Selbsthilfegruppen, Chats mit professionellen Anbietern, Gesundheitsportale sowie mobile Applikationen sind häufig interaktiv gestaltet, so dass die Informationen auf die Bedürfnisse der Nutzer individuell zugeschnitten sind und sie auch selbst Inhalte generieren können, wenn sie Fragen stellen oder Hinweise geben. So findet der Austausch über Gesundheitsthemen zwischen einzelnen Personen heute in Teilen onlinevermittelt statt, indem Laien über Blogs, Facebook, YouTube, Pinterest, Instagram, Twitter oder in Online-Foren mit einem großen Publikum kommunizieren können. Zudem integrieren die neuen Medien im Zuge der Medienkonvergenz Texte, Bilder, interaktive Grafiken und Anwendungen (z. B. Entscheidungshilfen) sowie Videos. Dadurch sind Form und Qualität der Inhalte in diesen Medien ausgesprochen heterogen, und es lassen sich nur schwer generelle Aussagen treffen.

Urheber der online angebotenen Informationen sind zum einen Gesundheitsexperten (z. B. Kliniken, Ernährungsberater oder Yogalehrer) oder Kommunikationsexperten (z. B. Journalisten, Pressesprecher) sowie Medienunternehmen wie z. B. das Magazin *Yoga Journal*. Aber auch die Unternehmen der Pharma-, Genuss- und Nahrungsmittelbranche, medizintechnische Firmen, Sportartikelhersteller und Fitness-Studios sind online und betreiben hier erfolgreich Marketing. So hat zum Beispiel Milka seine eigene Facebookseite, um Kunden zu gewinnen und zu halten.

Die Medienpsychologin Nicola Döring vermutet allerdings, dass Gesundheitslaien den größten Anteil unter den Produzenten von Videos ausmachen, und dies gilt vermutlich auch für alle anderen sozialen Medien. Dabei handelt es sich um Personen, die selbst oder als Angehörige von einer Krankheit betroffen sind oder sich sehr stark für ein bestimmtes Thema (z. B. vegane Ernährung) interessieren. Meist sind sie zwar auch Laien in der Medienproduktion, aber ein professionell wirkendes Video zu drehen ist heute mit modernen Geräten auch Amateuren möglich. Daher wird es immer schwieriger, kommerzielle oder interessengebundene Angebote und Kommentare von öffentlichen bzw. nicht-kommerziellen Angeboten zu unterscheiden.

Gesundheitsorganisationen sind in den sozialen Medien heute noch nicht sehr präsent. So schöpfen z. B. Gesundheitsbehörden das Potenzial sozialer Medien, schnell auf Krisensituationen zu reagieren oder speziell Jugendliche anzusprechen, längst noch nicht aus.

Insgesamt weisen soziale Onlinemedien und Communities wie Facebook einen hohen Anteil an Themen mit Gesundheitsbezug auf, wenngleich hier häufig auch Risikoverhalten (z. B. Alkoholkonsum, ungesunde Ernährung) thematisiert oder gar propagiert wird. Onlinenetzwerke oder Online-Selbsthilfegruppen sind in den letzten Jahren vergleichsweise häufig zum Forschungsgegenstand gemacht worden. Dagegen gibt es zu Videoplattformen wie YouTube oder Bilderplattformen wie Instagram oder Pinterest bislang wenig Forschung, obwohl auch hier zahlreiche gesundheitsbezogene und gesundheitsrelevante Informationen geteilt werden. Die Themenvielfalt ist ebenso groß wie in traditionellen Massenmedien; es werden diverse Krankheiten und Beschwerden, medizinische Behandlungsmethoden sowie gesundheitsbewusste Lebensweisen und Prävention angesprochen. Im Gegensatz zur klassischen Berichterstattung finden sich im Internet sehr viel mehr, speziellere und sehr heterogene Informationen verschiedenster Urheber zu einem Thema. Vor allem in Online-Selbsthilfegruppen findet deutlich mehr Informationsaustausch zur emotionalen und sozialen Bewältigung von Krankheiten statt.

Aufgrund des hohen Anteils von Gesundheitslaien ist die Informationsqualität in digitalen Medien allerdings sehr unterschiedlich. Es finden sich hier sehr viel extremere Positionen und einseitige Informationen. So zeigt eine Untersuchung von Nicola Döring, dass die Mehrzahl der Onlinevideos Impfungen gegen Gebärmutterhalskrebs als negativ darstellen, obwohl sie von der Weltgesundheitsorganisation empfohlen werden. Gerade diese impfkritischen Beiträge werden sehr oft angeschaut und positiv kommentiert. Zudem stellen sich in sozialen Medien vor allem risikofreudige Nutzer dar und prahlen dort mit ihrem Risikoverhalten. So kann durch Posts zum Beispiel der Eindruck entstehen, dass Jugendliche weit mehr trinken, als dies tatsächlich der Fall ist.

In sozialen Medien wollen und müssen sich die Kommunikatoren neben der Erstellung der Ursprungsinhalte (z. B. Startposts eines Threads in einem Diskussionsforum) auch mit den Rückmeldungen und Kommentaren auseinandersetzen. Gleichzeitig werden dadurch ihre Inhalte auch sehr viel aktiver verarbeitet. In den meisten Fällen sind diese Rückmeldungen positiv und unterstützend. Dies gilt insbesondere für Onlineforen, in denen sich Betroffene eines spezifischen gesundheitlichen Problems zusammenfinden. Hier geben meist die erfahreneren Nutzerinnen und Nutzer den Fragestellern genaue Informationen oder zeigen einfach Verständnis für die Herausforderungen. So leisten sie wichtige emotionale Unterstützung für die Betroffenen. Die Kommentare können jedoch ebenso Fehlinformationen enthalten, der ursprünglichen Aussage widersprechen oder schlimmstenfalls beleidigend und verletzend sein. Ein solcher »Shitstorm« kann sich im Einzelfall sehr negativ auf die seelische Gesundheit auswirken. Aber auch die Likes, die die Nutzer auf ihre Beiträge erhalten, können negative Folgen haben, wenn sie Personen z. B. in ihrem Risikoverhalten bestärken.

Qualität der Medieninhalte

Gesundheitsthemen weisen oft eine hohe persönliche Relevanz auf, sie können existenzielle Gedanken und Gefühle berühren und damit starke Verunsicherung und Besorgnis bei den Informationsempfängern auslösen. Anders als beispielsweise Berichte über die Raumfahrt oder Hochzeiten von Prominenten können sie die eigene Person oder einen Freund oder Angehörigen betreffen. Journalisten und Medienunternehmen haben sich daher im Pressekodex, der Leitlinie jour-

nalistischer Arbeit, auf Prinzipien zur Berichterstattung über
Medizin- und Gesundheitsthemen verständigt. So untersagt
es der Pressekodex, übertriebene Hoffnungen zu wecken oder
Befürchtungen zu verbreiten. Häufig gelingt es aber gerade in
Krisensituationen, wie bei Epidemien (z. B. H1N1-Virus) oder
einer akuten Bedrohung (z. B. durch vergiftete Lebensmittel),
nicht gänzlich, die Öffentlichkeit über die tatsächliche Bedro-
hungslage und Schutzmaßnahmen zu informieren, ohne auch
Verunsicherung oder gar Panik auszulösen. Laut Pressekodex
sollten zudem medizinische Forschungsergebnisse, die bislang nur auf Tierversuchen beruhen, noch lange Zeit bis zur
Markteinführung brauchen oder in der Wissenschaft noch
kontrovers diskutiert werden, nicht als gesichert dargestellt
werden. Allerdings bevorzugen Mediennutzer eindeutige und
gesicherte Aussagen, sodass Journalistinnen und Journalisten
Unsicherheiten oder Kontroversen in der Forschung seltener
erwähnen.

Darüber hinaus lassen sich weitere Qualitätsanforderun-
gen für Gesundheitsinformationen formulieren. Allen voran ist hier die »Evidenzbasierung« zu nennen. Hinter diesem Begriff verbirgt sich der Anspruch, dass die Darstellung
den aktuellen Forschungsstand umfassend und exakt abbil-
det. Die Informationen sollen als Entscheidungsgrundlage
transparent, zuverlässig und nachvollziehbar sein und sowohl
Chancen als auch Risiken und deren Eintrittswahrscheinlich-
keit angeben. Der Grad der Evidenz zeigt dabei an, wie sicher
oder unsicher die Befunde sind. Dazu dienen zum Beispiel
wissenschaftliche Belege, die auf die entsprechenden Studien
verweisen und sie in den aktuellen Stand der Forschung einordnen, oder Zitate von Experten, sofern diese den Rezipienten nicht durch missverständliche oder unvollständige Aussagen irreführen.

Neben der medizinischen Richtigkeit ist die verständliche
und anschauliche Vermittlung der Gesundheitsinformationen von Bedeutung. Dies kann durch grafische und verbale

Darstellungen von Statistiken (anstatt schwer interpretierbarer Prozentangaben) und Formulierungen in einfacher Sprache geschehen (siehe Abb. 1). Andernfalls besteht die Gefahr, dass Menschen mit niedrigem Bildungsstatus oder wenig Interesse an Gesundheitsthemen entsprechende Informationen gar nicht erst zur Kenntnis nehmen.

Medizinische Expertinnen und Experten, zum Beispiel im Projekt Medien-Doktor der Technischen Universität Dortmund, überprüfen regelmäßig, inwiefern diese Anforderungen in der Gesundheitsberichterstattung eingehalten werden. Dabei kritisieren sie oft einen Mangel an evidenzbasierten medialen Berichten. Noch kritischer ist dieser Mangel allerdings in digitalen Medien, da Laienautoren keinem Pressekodex und keiner regelmäßigen Kontrolle unterliegen. Für Webseiten oder Apps existieren zwar Anforderungen der Qualitätssicherung und Möglichkeiten der Qualitätsprüfung und -zertifizierung, aber private Seiten oder Onlineforen sind hiervon weitgehend ausgenommen.

Sowohl in der journalistischen Berichterstattung als auch in Onlinemedien ist es für Laien oft schwer zu erkennen, ob die Informationen interessengeleitet sind. Aufgrund der großen wirtschaftlichen Bedeutung des Gesundheitsmarktes ist das Interesse groß, auch werbliche Botschaften zu verbreiten. Dabei ist es nicht immer einfach, die Quellen der Informationen auf den ersten Blick zu erkennen. So kann sich hinter einer vermeintlich gemeinnützigen Stiftung oder einer allgemeinen Website ein Lebensmittelkonzern verbergen, und Studien einer Wissenschaftlerin oder eines Wissenschaftlers können von einem Pharmaunternehmen finanziert sein. Nur selten werden Finanzierungsquellen explizit genannt, und an den Inhalten ist nicht ohne weiteres erkennbar, inwieweit die Informationen lediglich von Pressemitteilungen übernommen wurden und ob sie ausgewogen über Nutzen und Risiken z. B. einer neuen Therapie berichten. Holger Wormer, Leiter des Medien-Doktor-Projekts, hat in seinen Untersuchungen fest-

Abb. 1   AOK-Faktenbox zum Thema »Röntgen bei allgemeinen Rückenbeschwerden«

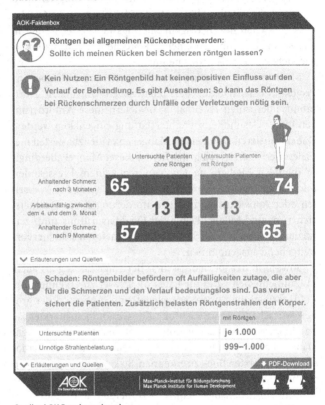

Quelle: AOK Bundesverband

gestellt, dass nur jeder zweite journalistische Beitrag wesentlich über die Pressemitteilung hinausgeht. Pressemitteilungen haben somit einen starken Einfluss auf die Berichterstattung zu Gesundheitsthemen. Auch Werbung im Internet oder Produktplatzierungen in Unterhaltungsformaten sind für Laien oft schwer von unabhängigen und vertrauenswürdigen Informationen zu unterscheiden. Gerade weil Gesundheitsthemen verstärkt finanziellen Interessen verschiedener Wirtschaftsakteure unterliegen, und im Internet sowie in sozialen Medien eine unüberschaubare Masse an Gesundheitsinformationen angeboten wird, kommt den journalistischen Medien und dem Arzt eine zunehmend wichtige Orientierungsfunktion zu. Sie können den Nutzerinnen und Nutzern dabei helfen, aus dem Dickicht der Informationen die richtigen und relevanten Informationen herauszufiltern und entsprechend zu bewerten.

Für Internetseiten oder Gesundheits-Apps wurde der Health-on-the-Net-Code (kurz: HON) als Kriterienkatalog entwickelt. Zusätzlich zu den Kriterien Evidenzbasierung, Verständlichkeit und Transparenz werden auch der Schutz der verwendeten Daten, die Nutzerfreundlichkeit und die Feedbackmöglichkeiten kritisch bewertet. Dabei ist der Datenschutz elementar: So sollten beispielsweise die Angaben bei einer Fitness-App oder die Inhalte elektronischer Krankenakten, die einen Rückschluss auf den Gesundheitszustand erlauben, sehr gut gesichert und nur ausgewählten Personen bzw. Institutionen zugänglich sein, um z. B. eine Benachteiligung bei Versicherungen zu verhindern.

Spezifische Gesundheitsthemen

Am Beispiel der Themen Ernährung und Krebs möchten wir zeigen, wie vielfältig die Darstellung von Gesundheitsthemen in den Medien sein kann. Ernährung dient dabei als ein

Beispiel für Prävention, Krebs hingegen als ein Beispiel für schwerwiegende chronische körperliche Erkrankungen, die auch auf psychosozialer Ebene hochrelevant sind.

Ernährungsbezogene Inhalte finden sich nahezu in allen Typen von Medienangeboten, wobei das Bild, das die Medien von Ernährung vermitteln, äußerst vielfältig ist. In den Printmedien reicht das Spektrum von Rezeptvorschlägen, Diätplänen und Berichten zu aktuellen Ernährungstrends in Tageszeitungen und Magazinen bis hin zu speziellen Zeitschriften, die sich wie *essen&trinken, eathealthy* oder *GEO Wissen Ernährung* nur diesem Thema widmen. Dabei werden vor allem Informationen zur gesunden Ernährung geliefert oder Ernährungstrends vorgestellt und diskutiert. Mitunter sind die Angaben und Verzehrempfehlungen bzw. -warnungen in der Berichterstattung widersprüchlich, was auch damit zusammenhängt, dass die Ergebnisse wissenschaftlicher Studien bisweilen ebenso in unterschiedliche Richtungen deuten. Das kann dazu führen, dass die Verbraucher verunsichert sind, was eigentlich gesunde Ernährung genau ist. Zunehmend werden in der Berichterstattung auch Missstände in der Lebensmittelindustrie thematisiert.

Insbesondere in Frauenmagazinen finden sich zahlreiche Tipps, die eher der Gewichtsabnahme als einer gesunden Ernährung dienen. Es wird das Bild vermittelt, dass eine bewusste Ernährung letztlich stets auf Gewichtsreduktion zielt. In Kombination mit dem – in der Werbung sowie in der Berichterstattung über Schönheit und Mode – medial vorherrschenden überschlanken Körperideal kann dies zu ständiger Beschäftigung mit den »Problemzonen« des Körpers, Körperoptimierung und Gewichtsregulation und zu einem gestörten Essverhalten führen. Schließlich ist auch die Diskussion dieser möglichen Medieneffekte Gegenstand der Berichterstattung, sowohl in Printmedien als auch in journalistischen Sendungen des Fernsehens wie Dokumentationen und Nachrichten. Neben solchen Berichten sind aber häufig auch Werbeanzeigen für Schlankheitsprodukte einerseits und kalorienreiche Genussmittel andererseits platziert. So resultiert ein insgesamt paradoxes Geflecht an widersprüchlichen Botschaften, die – je nach Befindlichkeit der Leserinnen und Leser – eine irritierende und verunsichernde Wirkung entfalten können.

Im Unterhaltungsprogramm des Fernsehens finden sich unzählige Formate, wie Kochshows und Ratgebersendungen, die sich speziell mit Ernährungsthemen beschäftigen. Es gibt Fernsehformate wie »The Biggest Loser« (SAT.1) oder die »Ernährungsdocs« (NDR), die Menschen mit starkem Übergewicht oder einer bestimmten Erkrankung begleiten, während diese von einem Coach bei der Ernährungsumstellung unterstützt werden. In einer Analyse des Inhalts von Fernsehsendungen hat Stephanie Lücke 2007 herausgefunden, dass im TV etwa neunmal pro Stunde Inhalte mit Ernährungsbezug gezeigt werden. Denn auch in Talkrunden, Spielfilmen und Serien wird oft gekocht und getrunken. Allerdings werden hier, ebenso wie in Werbesendungen, überwiegend ungesunde Ernährungsweisen (z. B. der Konsum von Alkohol, Verzehr von Süßigkeiten, fetthaltigen Speisen und zuckerhaltigen Getränken) dargestellt – obwohl die Darsteller meist schlank sind und übergewichtige Personen im Fernsehprogramm im Gegensatz zu ihrer tatsächlichen Verbreitung in der Bevölkerung stark unterrepräsentiert sind. Auch dies stellt mit Blick auf das Thema Ernährung eine paradoxe Deutungskonstellation der sozialen Realität im Fernsehen dar.

Ernährungsthemen finden sich ebenfalls auf Webseiten, in Apps, auf Videoplattformen, Blogs und in sozialen Netzwerken in großer Menge. Die Rezeptdatenbank »chefkoch.de« gehört zu den populärsten Internetangeboten in Deutschland. Des Weiteren schreiben Food-Blogger Restaurantkritiken über neu entwickelte Nahrungsmittel oder decken Lebensmittelskandale auf. In den sozialen Medien zeigt sich, dass Bilder von Nahrungsmitteln und/oder Getränken zu den am häufigsten dort kommunizierten Inhalten gehören. Zum einen inszenieren Nutzerinnen und Nutzer ihre ungesunden Ernährungsweisen (beispielsweise die leckere Torte oder die Party mit Alkoholrausch) regelrecht öffentlich. Zum anderen werden Informationen über vegane Gerichte oder andere Ernährungstrends geteilt. Viele der Apps dienen zur Überwachung des eigenen Ernährungsverhaltens (meist zum Abnehmen oder bei einer Erkrankung), als Einkaufshilfe oder zum Kochen. Zum Beispiel hält die App »Zu gut für die Tonne« des Bundesministeriums für Ernährung und Landwirtschaft Rezepte für die Verwertung von Resten bereit.

Anders als das medial omnipräsente Thema Ernährung war Krebs lange ein gesellschaftliches Tabuthema – auch in den Medien –, wird aber inzwischen in vielen Medienangeboten aufgegriffen. Krebserkrankungen werden vor allem im Fernsehen, weniger häufig in Tageszeitungen und am seltensten in Magazinen angesprochen. Sie sind laut Angaben des Statistischen Bundesamtes – nach Herz- und Kreislaufversagen – die zweithäufigste Todesursache in Deutschland und nehmen auch aufgrund der zunehmenden Lebenserwartung der Bevölkerung stetig zu. Sie gehören zu jenen Krankheiten, die außer von genetischen Faktoren auch durch das Verhalten (d. h. den Lebensstil) beeinflusst werden. Medieninformationen können somit auch einen wichtigen Beitrag leisten, um dieser Krankheit vorzubeugen und Früherkennung zu fördern. Allerdings zeigen Analysen von Medieninhalten, dass beim Thema Krebs vor allem über neue Behandlungen (Diagnose und Therapie) berichtet wird. Präventionsverhalten oder Früherkennungsmaßnahmen sind hingegen seltener ein Thema. Wenn Journalisten Präventionsmöglichkeiten ansprechen, dann vor allem im Zusammenhang mit dem individuellen Lebensstil, allen voran Ernährung und Rauchen, seltener mit der physischen Fitness. Soziale und andere Umweltfaktoren (z. B. Luftverschmutzung, Armut oder Arbeitsbedingungen) werden seltener als Ursachen genannt, wodurch der Eindruck entstehen kann, dass es sich bei Krebs vor allem um ein individuelles Problem handelt, für das die Patientinnen und Patienten selbst verantwortlich sind. Ebenso fehlt es in der Berichterstattung an Informationen zum emotionalen und sozialen Umgang mit der Krankheit und ggf. auch ihren tödlichen Folgen. Informationen hierzu finden die Betroffenen oder interessierten Angehörigen eher in Onlineforen, Büchern oder in Selbsthilfegruppen, die auch online zugänglich sind.

Auch bei Krebs zeigt sich eine Diskrepanz zwischen der tatsächlichen Verbreitung und der Quantität der Berichterstattung. Über einige Krebsarten (wie Brustkrebs) wird im Vergleich zu anderen Krebsarten (wie Schilddrüsenkrebs) viel häufiger berichtet. Besonders häufig und umfassend sind Beiträge über Krebserkrankungen, wenn ein Prominenter davon betroffen ist. Für die intensive Berichterstattung über die vorbeugenden Maßnahmen der amerikanischen Schauspielerin Angelina Jolie wurde der Begriff »Angelina-Jolie-Effekt« geprägt. Die Schauspielerin hatte öffentlich dazu Stellung genommen, dass sie sich aufgrund eines nachgewiesenen Gendefekts beide Brüste vorsorglich amputieren ließ. Die Berichterstattung über ihre präventive Brustkrebsbehandlung führte dazu, dass die Gendiagnostik in diesem Bereich bekannter und viel diskutiert wurde. Viele Frauen, in deren Familie diese Krebsform auffallend oft vorgekommen ist, entschieden sich daraufhin für Beratung und Gendiagnostik. Das zeigt, dass die Berichterstattung über einen Prominenten zu gesteigerter Problemsensibilisierung in der breiten Öffentlichkeit führen und Impulse für das Präventionsverhalten liefern kann. Allerdings kann es hierbei auch passieren, dass Informationen zu vereinfachend, zu einseitig oder zu emotional geprägt sind und damit keine gute Basis für durchdachte Patientenentscheidungen bilden.

Die Qualität der Medieninhalte zum Thema Krebs, allen voran die Inhalte im Internet, wird auch aus anderen Gründen kritisch eingeschätzt. Insbesondere Informationen zu alternativen Behandlungsformen sind zum Teil mit unangemessenen

Heilsversprechen dargestellt. Als problematisch gilt auch die Berichterstattung über Früherkennungsmethoden, wie Mammografie oder Tests zur Früherkennung von Prostatakrebs. Obwohl die medizinische Forschung Risiken der Früherkennung durchaus aufzeigt (z. B. falsch-positive Befunde, obwohl eigentlich keine Erkrankung vorliegt, oder falsch-negative Befunde, bei denen eine Gewebeveränderung fälschlicherweise nicht als potenziell bösartig erkannt wird), wird in der Berichterstattung häufig nur der Nutzen betont und zu solchen Untersuchungen ermutigt.

4. Mediennutzung zur Gesundheitsinformationssuche

Informationen über medizinische Fragen und Krankheiten sowie zur Gesundheitsversorgung sind eine wichtige Voraussetzung, um als Patient bewusste Entscheidungen treffen zu können. Auch verschiedene Medien werden daher als Quellen genutzt. Dabei spielen Gesundheitsinformationen aus dem Internet eine besondere Rolle. Die Suche nach Aufklärung und Beratung ist aber nicht bei allen Bevölkerungsgruppen gleich stark ausgeprägt, sondern unterscheidet sich je nach sozialem Status, Alter und Geschlecht einer Person sowie nach ihrem Gesundheitsbewusstsein oder ihrem Gesundheitszustand.

Relevanz der Gesundheitsinformationssuche

Zunehmend wird von Bürgern und Bürgerinnen erwartet, in Fragen der Prävention und Gesundheitsversorgung eigenverantwortlich zu entscheiden. Der mündige Patient soll dem Arzt informiert und aufgeklärt auf Augenhöhe gegenübertreten können. Neben persönlichen Informationsquellen wie Ärzten, Apothekern, Mitarbeitern der Krankenkasse oder anderen Gesundheitsakteuren sowie Freunden und Angehörigen bieten sich insbesondere Medien zur aktiven Informationssuche an.

© Springer Fachmedien Wiesbaden GmbH, ein Teil von Springer Nature 2018
D. Reifegerste und E. Baumann, *Medien und Gesundheit*, Medienwissen kompakt, https://doi.org/10.1007/978-3-658-20013-8_4

Im Zentrum dieses Kapitels steht daher die Frage, wie und warum Gesundheitsinformationen aus den Medien genutzt werden. Dabei wollen wir darstellen, nach welchen Themen und für wen gesucht wird, welche Quellen dafür genutzt werden und welche Faktoren dies beeinflussen. Abschließend möchten wir auf mögliche Folgen der Suche nach Gesundheitsinformationen für die Arzt-Patienten-Beziehung eingehen.

Neben der aktiven und gezielten Suche nach Informationen existieren weitere Formen des Informationsverhaltens. So können manche Menschen lediglich empfänglich für bestimmte Informationen sein. Andere Personen vermeiden bestimmte Informationen sogar aktiv oder ignorieren sie. Dies tritt vor allem dann auf, wenn die Situation die Person emotional zu sehr überfordert und es zu beängstigend oder bedrohlich erscheint, sich mit Informationen zu einem Thema zu beschäftigen (z. B. die Überlebensprognosen bei einer Krebsdiagnose). Auch die Scheu vor möglichen Veränderungen (z. B. Tabakentwöhnung) kann ein Grund dafür sein, dass Menschen sich nicht mit Informationen über Gesundheitsthemen, die für sie selbst relevant sein können, beschäftigen. Die Verleugnung oder Verdrängung von Informationen kann demnach ebenso als Schutzmechanismus verstanden werden.

In solchen Fällen übernehmen häufig andere Personen die Recherche. In Deutschland tun bis zu 57 Prozent der Personen, die nach Gesundheitsinformationen suchen, dies nicht nur für sich selbst, sondern auch für andere. Es sind vor allem Ehe- und Lebenspartner, aber auch erwachsene Kinder oder Geschwister der Patienten sowie weitere Angehörige. Sie übernehmen das, weil sie dazu den konkreten Auftrag von den Patienten haben oder weil diese selbst nicht dazu in der Lage sind. Man spricht daher auch von stellvertretenden Informationssuchern.

Anlässe und Themen der Informationssuche

Wie bereits im dritten Kapitel aufgezeigt, decken die Gesundheitsinformationen in den Medien ein breites Spektrum von
Themen ab. Es reicht von Krankheitsrisiken über Präven-
tions- und Behandlungsmöglichkeiten bis hin zu Informationen über das Gesundheitssystem und seine Akteure. Auch
Themen rund um das Wohlbefinden und den Erhalt der Gesundheit gehören dazu. Menschen suchen in den Medien
nach Überblickswissen (Wie kann ich im Alltag meine körperliche Aktivität steigern?), Entscheidungshilfen (Welche
Klinik kann mein Knie am besten operieren? Sollte ich zur
Früherkennungsuntersuchung gehen?), spezifischen Hand-
lungsanleitungen (Was kann ich bei Kopfschmerzen tun?)
oder auch nach Unterstützungsangeboten (Wer kann uns bei
der Pflege der Eltern helfen?). Sie suchen Informationen am
häufigsten im Zusammenhang mit einer Krankheit (Diagnose
und Behandlung) und entsprechenden Entscheidungen (z. B.
für oder gegen eine Operation, für oder gegen die Entlassung
eines Pflegebedürftigen). Vor oder nach einem Arzttermin
besteht oft der Wunsch nach ergänzenden Informationen und
Meinungen. Vor allem Informationen aus dem Internet – von
Gesundheitsportalen, aus der Wikipedia, von Webseiten verschiedener Gesundheitsakteure – werden zudem dazu genutzt,
um zu entscheiden, ob ein Arztbesuch überhaupt notwendig
ist. Sie dienen vielen Nutzern somit als eine Art Selbst-Dia-
gnose-Tool vor dem Arztbesuch. Auch zur Auswahl des entsprechenden Arztes oder der klinischen Einrichtung, die für
einen geplanten Aufenthalt in Frage kommt, stehen zahlreiche Bewertungsportale zur Verfügung, die Auskunft über die
verschiedenen Qualitätsmerkmale der Gesundheitsakteure
geben. Entsprechend werden der Versuch einer Selbstdiagno-
se, die Evaluierung der vom Arzt erhaltenen Informationen,
der Wunsch nach einer Entscheidungshilfe und nach Beru-
higung sowie das Einholen einer Zweitmeinung als häufigste

Anlässe für die Suche nach Gesundheitsinformationen genannt. Sie erfolgt umso intensiver, je unzufriedener man mit dem Gesundheitssystem und der Versorgung durch den Arzt ist. Insbesondere mangelndes Einfühlungsvermögen des Arztes sowie die geringe Qualität und Dauer der Beratung können Auslöser für die aktive Suche nach Gesundheitsinformationen sein.

Die Themen, nach denen wir suchen, hängen daher vor allem von unserem Gesundheitszustand (oder dem unserer Angehörigen) ab. Während gesunde Personen überwiegend nach Präventions- und Wellnessthemen suchen, recherchieren Personen mit Symptomen oder in den ersten Wochen nach einer Diagnose intensiv nach spezifischen Informationen zu ihrer Krankheit und deren Bewältigung. Chronisch Erkrankte haben dagegen ein gewohnheitsmäßiges Informationsverhalten. Sie kennen bestimmte, für ihre Krankheit spezifische Informationsangebote (z. B. den Diabetes-Ratgeber des *Wort und Bild*-Verlags, der online und als Zeitschrift zur Verfügung steht) und nutzen diese regelmäßig. Sie wollen in den Medien auch Hintergrundinformationen und Tipps zum Umgang mit der Erkrankung finden und sich mit anderen Betroffenen austauschen. Kontakt finden sie beispielsweise in Onlineforen (d. h. in webbasierten Selbsthilfegruppen und Beratungsangeboten), die neben den medizinischen Aspekten auch bei vielen Fragen des Alltags (u. a. finanzielle, rechtliche und versicherungstechnische Belange) Informationen und Unterstützung bieten. Solche Communities im Internet ermöglichen Betroffenen einen zeitlich sowie räumlich flexiblen, niedrigschwelligen und zielorientierten Dialog unter Gleichgesinnten.

Für die stellvertretende Suche durch Angehörige können sowohl die körperliche Verfassung des Patienten, der fehlende Internetzugang oder die mangelnde Medienkompetenz des Patienten eine Ursache darstellen. Zusätzlich sehen Angehörige die Suche nach Gesundheitsinformationen über die Krankheit des Patienten als Unterstützungsleistung (z. B. zur

Entscheidungsfindung) und ergreifen selbst die Initiative, um die entsprechenden Informationen dann weiterzugeben. So suchen etwa Angehörige von Krebspatienten nach alternativen Behandlungsmöglichkeiten. Dies kann auch den Angehörigen selbst helfen, mit Unsicherheiten umzugehen und Ängste vor unklaren oder bedrohlichen Situationen abzubauen.

Quellen für Gesundheitsinformationen

Traditionell kommen die meisten Gesundheitsinformationen von Ärztinnen und Ärzten, und tatsächlich ist dies nach wie vor die bevorzugte Quelle der Informationssuchenden. Auch Gespräche mit anderem medizinischem Personal sowie Verwandten sind häufige Informationsquellen. Diese persönlichen Informanten werden häufig mit den medialen Quellen, wie kostenlosen Broschüren oder Ratgebersendungen im Fernsehen, kombiniert. Zunehmend gewinnt für die Suche nach Gesundheitsinformationen das Internet an Bedeutung, da es eine sehr spezifische Informationssuche ermöglicht. Es erlaubt der Nutzerin oder dem Nutzer einen anonymen, interaktiven, individualisierten sowie einen zeit- und ortsunabhängigen Zugang zu Informationen, was auch die Erreichbarkeit bestimmter Zielgruppen erhöht. So bietet das Netz insbesondere Erkrankten in ländlichen Regionen oder mit eingeschränkter Mobilität sowie solchen mit seltenen oder stigmatisierenden Erkrankungen zahlreiche Informationen, die sonst nicht für sie verfügbar wären.

Laut einer repräsentativen Befragung der Bertelsmannstiftung von 2017 haben sich 46 Prozent der erwachsenen Internetnutzer, die sich über Gesundheitsfragen informiert haben, dazu das Internet genutzt. Weitere Umfragen gehen sogar von fast 75 Prozent der Internetnutzer aus, die das Internet gelegentlich oder regelmäßig nutzen, um sich über Gesundheitsthemen zu informieren.

Dabei ist das Internet allerdings kein einheitlicher Informationsgeber, sondern bietet ein breit gefächertes Angebot an Quellen und Akteuren, die Informationen in sehr unterschiedlichem Umfang und in sehr unterschiedlicher Qualität zur Verfügung stellen. Im Gegensatz zu Veröffentlichungen in Zeitungen, Zeitschriften oder Büchern ist das Spektrum der Informationsanbieter im Netz sehr viel breiter. Neben medizinischen Experten und Journalisten veröffentlichen hier auch staatliche Institutionen, Pharmafirmen und andere Akteure mit rein kommerziellen Interessen sowie weitere Interessenvertreter (z. B. Impfgegner) und auch Laien ihre Gesundheitsinformationen und verfolgen damit zum Teil sehr unterschiedliche Interessen (siehe Kap. 3). Damit stehen die Informationssuchenden vor teils großen Herausforderungen, wenn es um die Orientierung im »Informationsdschungel« und Beurteilung der Informationsqualität geht. Weil es schnell und einfach ist und eine Orientierung schwerfällt, wenden sich die meisten Menschen (61 Prozent der Internetsucher) bei ihrer Suche an »Dr. Google«, also eine Suchmaschine. Diese Strategie verfolgen insbesondere jene, die nur gelegentlich nach Gesundheitsinformationen im Internet suchen.

Offenbar kennen viele Internetnutzer keine bestimmten Webseiten, die sie gezielt für verlässliche Gesundheitsinformationen ansteuern können. Insgesamt bevorzugen die Nutzerinnen und Nutzer aber solche Onlineangebote, die reine Informationen bereitstellen, gegenüber solchen Plattformen, die einen Dialog und Austausch bieten. Dabei rangieren Online-Lexika (wie Wikipedia) noch vor Webseiten von Gesundheitsakteuren (wie Krankenkassen, Ärzten, Krankenhäusern) und Gesundheitsportalen. Die Nutzung von Onlineforen, etwa in Form von Ratgeberforen, von themenspezifischen Gruppen in sozialen Netzwerken wie Facebook oder auch von Bewertungsportalen für Krankenhäuser oder Ärzte haben demgegenüber noch eine geringe Bedeutung. Sie werden nur von etwa einem Drittel der Nutzer von Gesundheitsinformationen im Internet aufgesucht und vor allem von jenen konsultiert, die selbst akut betroffen sind oder eine gesundheitsrelevante Entscheidung treffen müssen.

Einflussfaktoren der Informationssuche

Um Gesundheitsinformationen in den Medien suchen zu können, ist es zum einen wichtig, den entsprechenden Zugang zu den geeigneten Informationen zu haben. Zum anderen bedarf es eines hinreichenden Interesses und der Motivation sich zu informieren. Beides hängt insbesondere von demografischen Faktoren, aber auch von gesundheitsbezogenen Merkmalen ab. Besonders intensiv nach Gesundheitsinformationen (für sich selbst und andere) suchen Frauen, Personen mittleren Alters mit einem höheren sozioökonomischen Status, der auch eine höhere Bildung beinhaltet.

Menschen mit höherem Bildungsgrad verfügen meist zugleich über eine höhere Medien- und Gesundheitskompetenz. Das heißt, sie wissen, wie und welche Medien sie nutzen müssen, um die gewünschten Informationen zu finden, sie können Informationen leichter verarbeiten und verstehen und wissen diese kritisch einzuordnen und zu bewerten, um die entsprechenden Entscheidungen zu treffen. Ihnen ist die Problematik heterogener Informationsqualitäten eher bewusst, und sie kennen die entsprechenden Webseiten oder Zeitschriften, die evidenzbasierte Informationen zu medizinischen Themen anbieten. Auch können sie leichter erkennen, in welchen Fällen es sich um interessengeleitete Angebote z. B. von Pharmaunternehmen handelt und wann Informationen von staatlichen Quellen stammen. Zudem verfügen sie über ein Netzwerk an sozialen Kontakten, wodurch sie im persönlichen Gespräch bei Bedarf weitere Informationen erhalten. Durch ihre intensivere Beschäftigung mit Gesundheitsthemen ist außerdem ihr Vorwissen größer, sodass sie sich komplexere Informationen aneignen, sie verstehen, einordnen und erinnern können. Dieser unterschiedliche Umgang mit Gesundheitsinformationen kann letztlich auch auf die Versorgungsqualität und den Gesundheitszustand wirken.

Der Medienwirkungsforscher Heinz Bonfadelli vermutet, dass sich aufgrund dieser Unterschiede im Zugang zu und in der Nutzung von Gesundheitsinformationen auch die gesundheitlichen Unterschiede zwischen den Bildungsschichten vergrößern. Es handelt sich dabei um eine mit der gesundheitlichen Lage gekoppelte »Wissenskluft«, die sich durch die beschriebenen Prozesse ausweitet und die sozialen Ungleichheiten weiter vergrößert. Die Stärkung der Informations- und Gesundheitskompetenz, die sogenannte Health Literacy, ist somit ein wichtiges politisches Ziel, um dieser Kluft entgegenzuwirken. Eine große Hoffnung liegt hier auf der Stärkung onlinebezogener Kompetenzen. Allerdings zeigt sich, dass nicht alle Menschen gleichermaßen Zugang zum Internet haben. Die Nutzung des Internets (unabhängig von Gesundheitsinformationen) ist in Bevölkerungsgruppen mit niedrigerer Bildung auch heute noch seltener und in den genutzten Inhalten und Anwendungen anders ausgestaltet als in höher gebildeten Gruppen.

Neben den beschriebenen Bildungsdifferenzen bestehen zudem noch immer deutliche Altersunterschiede. Das Internet und Social-Media-Angebote werden vor allem von jüngeren Zielgruppen genutzt, um sich über Gesundheit und Fitness oder auch sensible Themen wie psychische Krankheiten, Drogen oder sexuelle Gesundheit zu informieren. Die Wahrscheinlichkeit, gesundheitsbezogene Informationen im Internet zu suchen, sinkt mit jedem Lebensjahr um rund fünf Prozent. Nur 30 Prozent der Erwachsenen ab 65 Jahren recherchieren entsprechend im Internet, während es bei den 50- bis 64-Jährigen bereits 54 Prozent sind. Mit zunehmendem Alter sinkt das Vertrauen in Onlinequellen, was wiederum die Wahrscheinlichkeit der Suche nach Gesundheitsinformationen im Internet reduziert. Die stärkste Nutzergruppe im Internet sind somit die jungen Erwachsenen, obwohl diese die niedrigste Erkrankungsrate aufweisen.

Im Gegensatz zur Nutzung anderer Medien unterscheiden sich Frauen und Männer nicht darin, wie oft sie im Internet nach Gesundheitsinformationen suchen. Während einige Studien eher die Frauen vorn sehen, finden andere Studien einen höheren Männeranteil. Möglicherweise ist dies darauf zurückzuführen, dass Frauen zwar generell ein höheres Gesundheitsinteresse aufweisen, aber Männer häufig einen besseren Zugang zum Internet haben.

Vergleicht man Personen, die im Internet nur nach Gesundheitsinformationen für sich selbst suchen, mit jenen, die dort auch nach Informationen für andere suchen, so verschwinden die Unterschiede zwischen Geschlecht, Alter und Status. Es lässt sich vermuten, dass Personen, sobald sie Zugang zum Internet haben, auch Gesundheitsinformationen für andere suchen. Dafür sind andere Faktoren, wie der Gesundheitszustand des Angehörigen sowie die Qualität der Beziehung, entscheidend. Dies zeigt sich unter anderem daran, dass Personen, die für andere nach Informationen suchen, meist verheiratet sind, Kinder haben, einen Angehörigen pflegen müssen oder eine ihnen nahestehende Person an einer schweren und/oder chronischen Krankheit leidet.

Wirkungen der Informationssuche auf die Arzt-Patienten-Beziehung

Die zunehmende Suche nach Gesundheitsinformationen im Internet hat nicht nur Auswirkungen auf Gesundheitsentscheidungen und -verhalten der Informationssuchenden, sondern gleichermaßen auf die Beziehung von Arzt und Patient. Während traditionell fast ausschließlich der Arzt die Diagnose stellt und über Behandlungsmöglichkeiten informiert, ha-

ben viele Patientinnen und Patienten heute bereits vor dem
Arzttermin nach Informationen gesucht. Nicht jeder Patient
bespricht dies allerdings mit seinem Arzt. Zum einen sind die
Patienten unsicher, wie ihr Arzt mit den Internetinformatio-
nen umgehen wird, zum anderen fehlt in der kurzen Beratung oft die Zeit dafür. Den Ärztinnen und Ärzten wiederum mangelt es nicht nur an Zeit. Sie haben nicht gelernt, mit
vorinformierten Patienten umzugehen, und befürchten, dass
diese Patienten die ärztliche Autorität in medizinischen Fragen anzweifeln. Dabei wollen diese Patienten häufig nur das
Beste aus dem Gespräch herausholen und bereiten sich dementsprechend gut vor. Ebenso sind sie aufgrund der Vielzahl
an widersprüchlichen Informationen aus dem Internet häufig
verunsichert und benötigen den Arzt, um die Informationen
einzuordnen und entsprechend zu bewerten.

Eine Befragung unter deutschen Medizinern im Rahmen
des »Gesundheitsmonitors 2015« zeigt, dass sich die Einstel-
lung gegenüber diesen vorinformierten Patienten ambivalent
gestaltet. Zwar bewerten viele Ärzte das Vorwissen positiv, da
sie weniger erklären müssen und die Patienten mehr Verständnis für die verordneten Behandlungen haben. Allerdings haben
die Ärztinnen und Ärzte auch den Eindruck, dass Patienten
aufgrund der Vorabsuche nach Informationen unangemesse-
ne Erwartungen entwickeln und häufig von den Onlineinfor-
mationen verwirrt sind. Dies ist insbesondere bei den Ärzten
der Fall, deren Patienten eher eine niedrigere Bildung haben
und die selbst nur wenig über Angebote zur Gesundheitsinfor-
mation im Internet wissen. Viele der Mediziner kennen die
qualitätsgesicherten Quellen für Gesundheitsinformationen
nicht, obwohl u. a. das Ärztliche Zentrum für Qualität in
der Medizin (ÄZQ) im Auftrag der Bundesärztekammer auf
der Webseite www.patienten-information.de oder das Institut für Qualität im Gesundheitswesen (IQWiG) mit www.ge-
sundheitsinformation.de solche Informationsplattformen anbieten. Hier zeigt sich, dass nicht nur die Informations- und

Gesundheitskompetenz der Patienten, sondern auch die Medienkompetenz der Mediziner eine wichtige Rolle für die Gesundheit spielt.

Sprechen weder Arzt noch Patient die Informationen aus anderen Quellen an, kann es sein, dass die Patienten verunsichert und irritiert zurückbleiben und schlimmstenfalls die Therapievorschläge des Arztes anzweifeln. Das kann dazu führen, dass sie der Therapie nicht folgen oder zusätzlich alternative Behandlungsmethoden in Anspruch nehmen, ohne dass der Arzt etwas davon erfährt. Bei Patienten mit Depressionen kann die eigene Recherche beispielsweise dazu führen, dass sie bestimmte Medikamente nicht einnehmen, weil sie in einem Onlineforum über potenzielle Nebenwirkungen erfahren haben und der Arzt oder Apotheker ihnen die entsprechenden Zusammenhänge zuvor nicht umfassend erklärt hatte. Krebspatienten greifen häufig aufgrund von Medienberichten auf alternative und komplementäre Heilmethoden (wie z. B. Nahrungsergänzungsmittel, Mistelpräparate) zurück, ohne zu beachten, dass diese möglicherweise die Chemotherapie beeinträchtigen und Wechselwirkungen mit der schulmedizinischen Therapie auftreten.

5. Gesundheits-kampagnen

Gesundheitskampagnen zielen auf die Veränderung gesundheitsrelevanter Einstellungen oder Verhaltensweisen. In solchen Kampagnen werden häufig Strategien aus der Werbung übernommen, um z. B. über AIDS aufzuklären, Alkohol-, Tabak- und Drogenabhängigkeit zu bekämpfen oder die Verkehrssicherheit zu erhöhen. Initiatoren sind vielfach staatliche Institutionen oder Krankenversicherungen, aber auch Stiftungen oder andere Non-Profit-Organisationen.

Wichtig für jede erfolgreiche Kampagne ist systematisches Vorgehen. Jede Kampagnenentwicklung sollte daher zunächst mit einer Situationsanalyse starten. Dabei wird vor allem untersucht, was die Ursachen für die gesundheitliche Problemlage in der Zielgruppe sind, worauf die Kampagne also zielen sollte, und wo Lösungsmöglichkeiten liegen. Dafür können zum Beispiel persönlich Betroffene oder Experten befragt werden, um Auskünfte über gesellschaftliche Trends und individuelle Gründe für ein Risikoverhalten sowie über Barrieren bei der Inanspruchnahme von Vorsorge- und Versorgungsangeboten zu erhalten. Zudem sind vorhandene Studien zur gesundheitlichen Lage und zum Gesundheitsverhalten in verschiedenen Bevölkerungsgruppen (wie z. B. die Drogen-

© Springer Fachmedien Wiesbaden GmbH, ein Teil von Springer Nature 2018
D. Reifegerste und E. Baumann, *Medien und Gesundheit*, Medienwissen kompakt, https://doi.org/10.1007/978-3-658-20013-8_5

affinitätsstudie der Bundeszentrale für gesundheitliche Aufklärung oder die Studie zur Gesundheit Erwachsener des Robert-Koch-Instituts), Daten zur Verbreitung von Krankheiten (z. B. Krebsregister) oder Abrechnungsdaten von Krankenkassen wertvolle Informationsquellen. Sie liefern wichtige Anhaltspunkte dafür, wie häufig ein Gesundheitsproblem auftritt und wer davon besonders betroffen ist. So lässt sich zum Beispiel der Studie zur Gesundheit Erwachsener des Robert-Koch-Instituts von 2016 entnehmen, dass Angststörungen besonders häufig bei Frauen mit niedrigem soziökonomischen Status auftreten. Eine Kommunikationskampagne sollten sich dann spezifisch an diese Zielgruppe richten, statt zu versuchen, »alle« oder »die breite Bevölkerung« zu erreichen.

Häufig werden Zielgruppen nach soziodemografischen Kriterien wie Alter, Geschlecht, Bildung und Einkommen definiert. Darüber hinaus lassen sich bestimmte Gruppen beispielsweise auch nach ihrem Lebensstil (z. B. Veganer), nach ihrer regionalen oder beruflichen Zuordnung oder nach ihrer Mediennutzung (z. B. Leser einer bestimmten Zeitung) festlegen. Schließlich können auch Einstellungen und Wertvorstellungen sowie der gesundheitliche Risikostatus einer Person als Kriterium zur Charakterisierung der Zielgruppe dienen. So können die Nicht-Betroffenen von den Gefährdeten und den schon Betroffenen unterschieden werden. Bei Letzteren sind wiederum jene, die noch nicht handeln, anders zu betrachten als jene, die schon in Behandlung sind oder selbst Gegenmaßnahmen ergriffen haben. Bei den Gefährdeten hingegen ist es von Bedeutung, ob sie sich ihres Risikostatus bewusst sind, ein Interesse an der Reduktion des Risikos (z. B. durch weniger Alkoholkonsum) haben und sich auch in der Lage sehen, dies umzusetzen. Je spezifischer sich eine Botschaft an der betroffenen Zielperson und deren Problemlage und Informationsbedürfnissen sowie ihren Informations- und Kommunikationsgewohnheiten orientiert, desto besser kann sie diese Person erreichen und ansprechen.

Ziele von Kommunikationskampagnen im Gesundheitsbereich

Kommunikationskampagnen im Gesundheitsbereich können Ziele auf unterschiedlichen Ebenen verfolgen. Dabei werden kognitive, affektive und verhaltensbezogene Ziele unterschieden. Kampagnen mit kognitiven Zielen streben zum einen an, dass Personen auf ein Problem aufmerksam werden, das sie vielleicht bisher noch nicht wahrgenommen haben. Zum anderen geht es darum, Wissen über Ursachen und Zusammenhänge oder neue Perspektiven auf ein Gesundheitsthema zu vermitteln. Kampagnen, die eine Zielgruppenansprache auf affektiver Ebene wählen, nehmen die emotionalen Einstellungen zu einem Thema ins Visier. Entsprechende Kampagnen versuchen meist, die Bereitschaft zu gesundheitsförderlichem Verhalten dadurch zu erhöhen, dass sie eindringlich Risiken (z. B. mangelnde Bewegung und ungesunde Ernährung) aufzeigen oder vor einem gesundheitsschädlichen Verhalten warnen. So sollen etwa die Warnhinweise auf den Zigarettenverpackungen durch Furcht- oder Ekelappelle vom Tabakkonsum abschrecken.

Letztlich zielen die Kampagnen aber meist darauf ab, auch das Verhalten zu beeinflussen. Dabei gilt es, gesundheitsförderliche Verhaltensweisen zu initiieren oder zu bestätigen und riskantes Verhalten (z. B. Alkoholkonsum während einer Schwangerschaft) aufzugeben oder zu verringern. Solche Kampagnen können allerdings scheitern, wenn sich die Zielgruppe nicht in der Lage fühlt, das erwünschte Verhalten auch zu übernehmen. So gilt es wie beim Training für einen Marathon, mit kleinen und leicht realisierbaren Teilschritten zu starten, bevor die Gesamtstrecke in Angriff genommen wird.

Es empfiehlt sich, zunächst die Aufmerksamkeit auf ein Thema oder Risiko zu lenken und damit die Problemwahrnehmung zu erhöhen, dann das Wissen und die Bereitschaft zu den empfohlenen Maßnahmen zu steigern, um über die

Motivation zur Verhaltensänderung schließlich das Verhalten zu ändern. Mit einem ersten Versuch oder dem Probetraining im Fitnessstudio ist es allerdings nicht getan. Auch nach einem erfolgreichen Verhaltensimpuls bedarf es immer wieder weiterer Motivation, wiederholter Bestätigung und Unterstützung, idealerweise auch aus dem persönlichen sozialen Umfeld.

Die unterschiedlichen Ebenen können aber auch alle gemeinsam Teil einer Kampagne sein. So kann etwa eine Kampagne zum Thema Impfen versuchen, über mögliche Folgen des Nichtimpfens für die eigene Person, aber auch für das soziale Umfeld aufzuklären und Verantwortungsgefühle gegenüber der Gemeinschaft anzusprechen. Bei der Aufklärungsarbeit gilt es natürlich wie bei der Berichterstattung über Gesundheitsthemen (siehe Kapitel 3), den Ansprüchen auf Ausgewogenheit der Information gerecht zu werden und auch auf mögliche Nebenwirkungen der Impfung zu verweisen.

Kampagnenziele können sich also auch danach unterscheiden, ob sie Veränderungen bei Individuen (z. B. dem/der einzelnen Tabakkonsumenten/in) oder bei Gruppen (z. B. Schwangeren) erreichen sollen oder auf eine Veränderung der Rahmenbedingungen des Gesundheitshandelns zielen (z. B. Erzieherinnen und Erzieher dafür sensibilisieren wollen, auf hinreichenden Sonnenschutz zu achten). Aus gesellschaftlicher Perspektive geht es vor allem darum, Ungleichheiten in der Gesundheitsversorgung oder dem Gesundheitswissen zu verringern. Eine Möglichkeit, um z. B. Unterschiede im Wissen, sogenannte Wissensklüfte, zu reduzieren, besteht beispielsweise darin, sich verstärkt an die benachteiligten Bevölkerungsgruppen (z. B. Geflüchtete) zu wenden und auf sie zugeschnittene Informationsangebote zu machen.

Die Entwicklung der AIDS/HIV-Kampagne der Bundeszentrale für gesundheitliche Aufklärung (BZgA) zeigt, wie sich die Ziele einer Gesundheitskampagne im Zeitverlauf verändern können. Nachdem die Infektionswege und Gefahren von AIDS erkannt worden waren, starteten Mitte der 1980er-Jahre die ersten nationalen AIDS/HIV-Kampagnen in Deutschland. Sie konzentrierten sich vor allem auf Informationen über Ansteckungswege und Schutzmaßnahmen und damit auf die kognitive Ebene. Zunächst ging es darum, Aufmerksamkeit und Risikowahrnehmung in der Bevölkerung zu steigern und die Hemmungen bei der Verwendung von Kondomen abzubauen.

Ab 1990 wurde auch verstärkt der Umgang mit HIV-Infizierten angesprochen, um deren Diskriminierung zu verhindern (z. B. mit der Kampagne »Positiv zusammen leben«). Als in den 2000er-Jahren die Risikowahrnehmung für AIDS bzw. HIV-Infektionen sank und die Neuinfektionen wieder zunahmen, ging man auch in den Kampagnen wieder verstärkt auf die Gefahren der Erkrankung ein.

Die Kommunikationswissenschaftler Heinz Bonfadelli und Thomas Friemel nennen in ihrem Buch zu Kommunikationskampagnen im Gesundheitsbereich die explizite und messbare Definition von Zielen als wichtigste Voraussetzung für eine erfolgreiche Kampagne. Die Ziele einer Kampagne sollten zudem realistisch sein und nach der Kampagne auch überprüft werden. Zudem weisen die beiden Wissenschaftler darauf hin, dass es häufig unrealistisch ist zu erwarten, dass eine Kommunikationskampagne allein zu den gewünschten Änderungen führe. Häufig sind viele weitere Einflussfaktoren (z. B. genetische Veranlagungen, die körperliche Verfassung, die finanzielle Lage, Erfahrungen aus der Vergangenheit und der soziale Kontext) für ein Verhalten verantwortlich, die durch Kommunikationskampagnen schwer oder gar nicht beeinflussbar sind. Neben Gesundheitskampagnen können und sollten daher noch zahlreiche andere Möglichkeiten genutzt werden, um Gesundheit zu fördern. So können auch die Einführung von Gesetzen (z. B. Rauchverbot), die Veränderung der strukturellen Rahmenbedingungen (z. B. die Gestaltung des Arbeitsplatzes oder der Wohnumgebung) sowie finanzielle Anreize (z. B. die Einführung einer Tabaksteuer) wichtige Maßnahmen sein. In den meisten Fällen ist dafür ein gesundheitspolitischer Wille erforderlich, der diese Rahmenbedingungen schafft und damit auch den Kontext bildet, in dem eine Kommunikationskampagne wirken kann (z. B. Anschnallpflicht im Auto und Kampagnen, die für Risiken des Fahrens ohne Sicherheitsgurt sensibilisieren).

Botschaftsstrategien

Die Botschaft bildet den zentralen Inhalt einer Kommunikationskampagne. Es existieren zahlreiche Theorien und Studien, die Anhaltspunkte dafür liefern, welche Arten von Botschaften bei welchem Ziel und bei welcher Zielgruppe die beste Wirksamkeit erreichen. Häufig zeigt sich in diesen Untersuchungen, dass es keine einfachen Rezepte für die Auswahl der Botschaften und geeignete Formen der kommunikativen Umsetzung gibt, sondern dass neben den Zielgruppencharakteristika und ihren Präferenzen auch die Kontextfaktoren (wie etwa die gesetzlichen Rahmenbedingungen) und Voreinstellungen der Rezipienten zu berücksichtigen sind. Auch wenn es nicht möglich ist, diese Zusammenhänge hier im Detail darzustellen, soll dennoch ein kurzer Überblick zu wesentlichen Botschaftsformen und deren Einsatzmöglichkeiten in Kampagnen folgen.

Am häufigsten werden in Gesundheitskampagnen »Furchtappelle« eingesetzt. Ein bekanntes Beispiel sind die Warnhinweise auf Zigarettenverpackungen. Um beim Rezipienten Furcht auszulösen, zeigen Furchtappelle vor allem die möglichen Risiken des gesundheitsschädigenden Verhaltens (z. B. Krebserkrankung durch Rauchen, Herzerkrankungen durch mangelnde Bewegung) auf. Dies erfolgt beispielsweise in Form abschreckender Bilder oder der Darstellung von Statistiken, die Sterberaten aufzeigen, sowie mit Fallbeispielen von

Einzelpersonen, die von ihren negativen Erfahrungen berichten. Es ist zu vermuten, dass Menschen nicht nur sensibler auf negative Botschaften reagieren, sondern auch bestrebt sind, diese negativen Folgen ihres Verhaltens zu vermeiden.

Furchtappelle eignen sich insbesondere dann, wenn den Zielpersonen die Gefahren ihres Verhaltens nicht mehr oder noch nicht (z. B. bei einer neuen Infektionserkrankung) bekannt sind. Grundsätzlich ist es effektiver, auf unmittelbare und wahrscheinliche Gefahren hinzuweisen als auf langfristige und unwahrscheinliche Risiken.

Zudem ist es notwendig, die Furchtappelle mit Hinweisen auf Verhaltensalternativen oder Schutzmaßnahmen zu kombinieren. Ansonsten reagieren die Zielpersonen häufig abwehrend auf die Botschaften. Dies geschieht insbesondere dann, wenn die Furchterregung zu stark ist und sich die Adressaten auf die Bewältigung ihrer Angst statt auf die Auseinandersetzung mit der eigentlichen Gefahr konzentrieren. In diesen Fällen wehren die Rezipienten die Informationen ab, ordnen die Gefahren für sich selbst als irrelevant ein, bewerten die Inhalte als unglaubwürdig und vermeiden weitere Informationen. Es hat sich daher bewährt, eher auf die positiven Folgen des gesundheitsförderlichen Verhaltens (d. h. die Gewinne) als auf die Gefahren des negativen Verhaltens (d. h. die Verluste) einzugehen. Auch wenn das inhaltlich wie die gleiche Botschaft erscheint, wirkt sich die Darstellung des Gewinns (z. B. »Nichtraucher leben fünf Jahre länger«) motivierender aus als die Darstellung des Verlusts (z. B. »Raucher sterben fünf Jahre früher«). Bei Kampagnen, die für Früherkennungsuntersuchungen werben, haben sich dagegen die Verlustbotschaften als überzeugender erwiesen. Der Unterschied liegt darin, dass es hier um eine schwierige Entscheidung geht, denn eine solche Untersuchung ist stets mit dem Risiko verbunden, dass eine Krankheit entdeckt wird.

Neben den Konsequenzen für die körperliche Gesundheit lassen sich in Kampagnen viele weitere positive und nega-

tive Folgen gesundheitsrelevanten Verhaltens ansprechen. So
können sie auch Konsequenzen für die seelische Gesundheit
(z. B. Wohlbefinden), die soziale Anerkennung (z. B. Ablehnung durch Freunde), Attraktivität, finanzielle Ressourcen
oder rechtliche Folgen ansprechen. Dies erscheint insbesondere bei Zielgruppen relevant, denen gesundheitliche Folgen
(noch) nicht so wichtig sind. Für Jugendliche kann beispielsweise die soziale Anerkennung unter Gleichaltrigen bedeut-
samer sein als gesundheitliche Risiken, die gewöhnlich erst
im höheren Alter auftreten, beispielsweise Herz-Kreislauf-Er-
krankungen.

Eine Möglichkeit, positive Gefühle in Kampagnen zu nutzen (statt des negativen Gefühls Furcht oder Ekel), sind Humorbotschaften. Sie sind in der Werbung erfolgreich, wenn
es darum geht, eine höhere Aufmerksamkeit, positivere Einstellungen und bessere Erinnerungsleistungen zu erzielen
und letztlich auch die Kaufbereitschaft zu steigern. Bislang
liegen allerdings nur wenige empirische Studien zu Humor-
appellen bei Gesundheitsthemen vor. Die wenigen Untersuchungen zeigen aber, dass es Humorbotschaften gelingen
kann, insbesondere solche Personen zu erreichen, die sich
für Gesundheitsthemen und Risikobotschaften nicht interessieren. Darüber hinaus können Humorbotschaften auch für
Themen genutzt werden, die Rezipienten häufig als langwei-
lig empfinden (wie Straßenverkehr oder Krankenhaushygie-
ne) und deren Risiken weitgehend bekannt sind. Die Bundeszentrale für gesundheitliche Aufklärung setzt immer wieder
witzige Botschaften ein, um das Tabu von sexuell übertrag-
baren Krankheiten zu brechen, wie z. B. den Fernsehspot Supermarkt (»Tina, wat kosten die Kondome?«) von 1989 (siehe
Abb. 2), die »Mach's mit«-Kampagne »Obst & Gemüse« (siehe Abb. 3) oder die Cartoons in der Kampagne »Liebesleben«
(siehe Abb. 4), die Hemmungen abzubauen versuchen, bei
Juckreiz im Intimbereich einen Arzt aufzusuchen. Die meist
auch provokante Darstellung der Schutzmaßnahmen soll da-

Abb. 2   TV-Spot »Supermarkt« der BZgA aus dem Jahr 1987

Quelle: Mit freundlicher Genehmigung und Unterstützung der Bundeszentrale für gesundheitliche Aufklärung.

bei helfen, Schamgefühle zu überwinden und die Thematik zu enttabuisieren. Diese positive Wirkung auf die weitere Verbreitung von Humorbotschaften zeigt sich auch in sozialen Medien, wo witzige Bilder oder Videos besonders häufig geteilt und kommentiert werden.

Humor hilft vielen Menschen, schwierige Lebenssituationen zu meistern. So existieren zahlreiche Comics, die humorvoll über den Umgang mit einer AIDS-, Krebs-, Depressions- oder Diabeteserkrankung informieren. Sie können den Patientinnen und Patienten, den Angehörigen oder auch dem medizinischen Personal helfen, positiver (oder zumindest konstruktiver) mit der Situation umzugehen. So stellt etwa der Comic »Alicia – im wahren Leben« die Krankheitsgeschichte einer jungen Frau dar, die von Brustkrebs betroffen ist und mit Brustamputation und Chemotherapie fertig werden muss.

Abb. 3   Plakate aus der »Mach's mit«-Kampagne der Bundeszentrale für gesundheitliche Aufklärung aus dem Jahr 2006

Quelle: Mit freundlicher Genehmigung und Unterstützung der Bundeszentrale für gesundheitliche Aufklärung.

Abb. 4 Plakat aus der Kampagne »Liebesleben« zur HIV-/STI-Prävention der BZgA aus dem Jahr 2016

Der Einsatz von Humor kann aber auch dazu führen, dass die Botschaften nicht verstanden oder nicht ernst genommen werden oder zu sehr von der eigentlichen Information ablenken. Zudem ist es möglich, dass ernsthaft Gesundheitsinteressierte oder Betroffene die humorvolle Darstellung der Informationen als unglaubwürdig oder stigmatisierend empfinden. Daher sollten Kampagnenplaner sensibel abwägen, wann der Einsatz von Humor angemessen erscheint. Ebenso können natürlich auch Botschaften als humorvoll empfunden werden, obwohl dies nicht beabsichtigt war.

Die Informationsverarbeitung von Kampagnen verläuft je nach Aufmerksamkeit der Empfänger der Botschaften unterschiedlich. Wenn sie ein hohes Interesse am Thema haben und dazu fähig sind, sich mit den Inhalten aktiv auseinanderzusetzen (»hohes Involvement«), dann haben Kampagnenbotschaften meist einen größeren und längerfristigeren Einfluss. Für viele Zielgruppen erscheinen Gesundheitsbotschaften aber nicht so relevant, sodass sie sich nicht intensiv mit den Informationen beschäftigen. Die Botschaften können die Zielpersonen dann nur erreichen, wenn zugleich mit starken medialen Reizen gearbeitet wird, um die Aufmerksamkeit zu erhalten. Solche Reize können etwa durch auffällige Visualisierung, Personalisierung, Emotionalisierung oder Dramatisierung geschaffen werden.

Zitate von Personen oder Schilderungen von Einzelfällen oder Prominenten (»Narrative« oder Fallbeispiele) sind in diesem Fall oft überzeugender als die abstrakten statistischen Belege in Form von Zahlen, Daten und Fakten. So kann die Hautkrebserkrankung von Frau Müller aus meiner Heimatstadt mich eher berühren als die Aussage des Robert-Koch-Instituts, dass im Jahr 2004 in Deutschland etwa 8 400 Frauen und 6 500 Männer an einem malignen Melanom der Haut erkrankt sind. Obwohl die Information des staatlichen Instituts sehr viel verlässlicher ist, gelingt es Einzelschicksalen, ebenso wie emotionalen Bildern (insbesondere solchen von Kindern), besser, Menschen auf Risiken hinzuweisen und zu einer Änderung ihres Verhaltens zu motivieren.

Die bessere Wirksamkeit der Einzelfälle hängt auch damit zusammen, dass sich Menschen vielfach am Verhalten anderer orientieren. In seiner »sozial-kognitiven Lerntheorie« beschreibt Albert Bandura Anfang der 70er-Jahre, dass den Menschen dieses Verhalten als Modell mit stellvertretenden Erfahrungen dient und entsprechend imitiert wird (»Beobachtungs- oder Modelllernen«). Die Verhaltensmodelle können entweder direkt im Alltag beobachtet oder durch Beispiele in den Medien gelernt werden. Insbesondere Modelle, die für die Zielgruppe glaubwürdig, attraktiv oder ihnen möglichst ähnlich erscheinen, können die Aufmerksamkeit für die Kampagnenbotschaften und insbesondere ihren Selbstbezug erhöhen. Darüber hinaus ist es hilfreich, wenn gezeigt wird, wie Familie oder Freunde das gewünschte Verhalten positiv verstärken (z. B. durch Lob oder Anerkennung). Wird die gesamte Geschichte einer betroffenen Person dargestellt, kann es zudem gelingen, auch den Umgang mit Rückschlägen bei einer Verhaltensänderung zu vermitteln. Durch intensive Einblicke in die Entwicklung der Motive eines Betroffenen (beispielsweise in einer Reportage oder auch in einer Unterhaltungsserie) ist es den Lesern oder Zuschauern möglich, sich noch mehr mit dem dargestellten Beispiel zu identifizieren. Oft wirken diese Geschichten weniger aufdringlich und werden daher nicht so stark abgelehnt wie eine offensichtliche Kampagnenbotschaft. Da eine Kampagne einfache, klare, kurze und wiedererkennbare Aussagen enthalten soll (die sog. KISS-Formel lautet: »Keep it simple and stupid«), ist es jedoch häufig nicht möglich, mit solchen längeren Handlungssträngen zu arbeiten.

Neben Fallbeispielen genießen auch Expertenaussagen eine hohe Glaubwürdigkeit bei Gesundheitsinformationen. Da Betroffene vor allem auf die Aussagen eines Arztes (»Doktor in Weiß«) oder anderer medizinischer Experten vertrauen,

Abb. 5   Plakat der Kampagne zur Darmkrebsfrüherkennung
mit Uschi Glas aus dem Jahr 2012

Quelle: Felix Burda Stiftung, München

werden diese häufig zitiert, um bestimmte Risiken darzustellen oder Handlungsempfehlungen zu geben.

Für diesen Zweck werden auch gern prominente Personen
wie Sportler, Schauspieler, Sänger oder Politiker als »Testimo-
nials« eingesetzt. Insbesondere wenn sie bei der Zielgruppe
eine hohe Popularität und Glaubwürdigkeit besitzen und diese eher nicht an Gesundheitsinformationen interessiert ist,
können sie die Aufmerksamkeit auf bestimmte Gesundheitsthemen lenken. So warb beispielsweise die Felix Burda Stiftung in ihrer Kampagne zur Darmkrebsfrüherkennung im
Jahr 2012 mit verschiedenen prominenten Ehepaaren, darun-
ter die Schauspielerin Uschi Glas und ihr Mann Dieter Her-
mann (s. Abb. 5). Allerdings sollte beachtet werden, dass
die Prominenten langfristig glaubwürdig bleiben müssen
und nicht zu sehr vom eigentlichen Thema ablenken dürfen.
Glaubwürdigkeit kann – wie im Fall von Boris Beckers »Be-
senkammer-Affaire« – durch einen Skandal verloren gehen.

Strategien zur Medienauswahl
in Gesundheitskampagnen

Um ein bestimmtes Ziel bei einer bestimmten Zielgruppe
durchzusetzen, gilt es zunächst, die passenden Kommunikationswege und Medienformate auszuwählen, mit denen die
Zielgruppe am besten erreicht und das Ziel am besten umge-
setzt werden kann. Wie in der Einleitung erläutert, steht dafür
grundsätzlich eine Vielfalt an traditionellen Massenmedien
und digitalen, auch interaktiven Medien zur Auswahl bereit.
Diese werden in integrierten Kommunikationsstrategien mit-
einander kombiniert, um die Zielgruppe auf möglichst unterschiedlichen Wegen und wiederholt anzusprechen. So nutzt
die Bundeszentrale für gesundheitliche Aufklärung (BZgA)
für ihre Kampagnen sowohl Plakate, Kinospots, Postkarten
und Broschüren als auch Internetauftritte und Aktivitäten in

sozialen Netzwerkmedien. Über diese »own media« kann sie die Form und Aufbereitung von Inhalten selbst bestimmen. Um aber auch über journalistische Berichterstattung in die klassischen Nachrichtenmedien zu gelangen, die in der Regel eine höhere Glaubwürdigkeit als Kampagnenmedien genießen, informiert die BZgA ferner Journalisten in Pressemitteilungen und Pressekonferenzen über Ziele, Inhalte und Aktionen der Kampagne. Darüber hinaus bietet sie Informationen über Beratungsstellen vor Ort und methodische Anleitungen für die Präventionsarbeit von professionellen Kommunikatoren (z. B. Ärzten, Beratern, Pflegepersonal) sowie medizinischen Laien (z. B. Gleichaltrigen, Angehörigen, Lehrern) an. Gerade Letzteres ist ein wichtiges Element, da sich die Aufmerksamkeit, die durch die Massenmedien geschaffen wurde, sonst rasch wieder verflüchtigt.

Die einzelnen Medienformate weisen unterschiedliche Stärken und Schwächen auf. Für den Einsatz in einer Präventionskampagne ist es notwendig, ihre Charakteristika unter Berücksichtigung der jeweiligen Zielgruppe und ihrer medialen Erreichbarkeit (d. h. ihrer Mediennutzungsgewohnheiten) zu betrachten. Besteht das Ziel einer Kommunikationskampagne darin, der älteren Bevölkerung zu vermitteln, welche Symptome auf eine Diabeteserkrankung hindeuten, sind die Nutzungsdaten verschiedener Medien speziell dieser Altersgruppe zu berücksichtigen. Als Grundlage dafür stehen verschiedene Studien (wie die ARD-ZDF-Onlinestudie, die Untersuchungen der Arbeitsgemeinschaft Media-Analyse e. V. oder die Allensbacher Markt- und Werbeträgeranalyse) zur Verfügung.

Spezielle Nutzungsdaten hält der Gesundheitsmonitor 2015 bereit. Er zeigt etwa, dass die Nutzung des Internets für Gesundheitsinformationen mit zunehmendem Alter sinkt. Ältere Personen lesen dagegen häufiger Informationen von ihrer Krankenkasse oder kostenlose Broschüren. Dies könnte darauf hindeuten, dass diese Kommunikationswege besser geeignet sind, um Senioren zu erreichen.

Zudem ist zu berücksichtigen, mit welchen Formaten sich Wissen am besten vermitteln lässt. Eine Plakatkampagne eignet sich zwar gut dazu, Aufmerksamkeit für ein bestimmtes Thema zu erzeugen. Sie kann aber nur wenig detaillierte Informationen liefern. Für eine Kampagne zu den Diabetessymptomen würden sich demnach Printmedien und Webseiten besser eignen. Sie können auch Hintergrundinformationen durch Verweise auf weitere Angebote (z. B. Beratungsstellen oder weitere Links und Literaturempfehlungen) anbieten.

Ein weiteres wichtiges Kriterium für die Auswahl des passenden Medienformats stellt die Interaktivität dar. Diese Eigenschaft gibt an, inwieweit sich ein Medium auf die Informationsbedürfnisse der Zielperson und den etwaigen Wunsch nach personalisierten Informationen einstellen kann. Schon ein Webangebot mit Suchmaske oder einem automatisierten Dialog gewährleistet eine einfache Form der Interaktivität. Deutlich »interaktiver« ist die wechselseitige Kommunikation im Rahmen eines Gesprächs. Sie hat den Vorteil, dass sich Verständnisschwierigkeiten, Fehlinterpretationen und Irritationen direkt erkennen und beheben lassen.

Um Zielgruppen zu erreichen, die sich weniger für Gesundheitsthemen interessieren, bieten sich sowohl interpersonale Kommunikationswege als auch Medienformate an, die geringere Zugangsbarrieren aufweisen. So werden Gesundheitsthemen z. B. in Video- und Computerspielen, Comics oder Unterhaltungsserien integriert, die spielerisch und unterhaltsam versuchen Wissen zu erhöhen oder bestimmte Verhaltensweisen zu beeinflussen (»Entertainment Education«). Das »Wartezimmer-TV« kann ein Informationsvideo oder einen Spot zeigen. Auch Gesundheits-Apps enthalten spielerisch-unterhaltende Elemente. Dabei ist, wie schon erwähnt, darauf zu achten, dass die Informationen glaubwürdig bleiben.

Evaluation

Eine Evaluation (d. h. die systematische Bewertung einer Kampagne) sollte wichtiger Bestandteil jeder Kampagnenplanung sein. Sie erfüllt mehrere Funktionen. Bereits bei der Entwicklung der Kampagne kann durch die Einbeziehung von Betroffenen die Wahrscheinlichkeit erhöht werden, dass die Botschaften auch ankommen und die beabsichtigte Wirkung erzielen. Experten frühzeitig einzubeziehen stellt wiederum sicher, dass die kommunizierten Inhalte neuesten wissenschaftlichen Erkenntnissen entsprechen.

Während einer Kampagne ist begleitende Evaluation geboten. Gegebenenfalls muss die Kampagne auf aktuelle Entwicklungen in Politik, Gesundheitswesen, Wirtschaft oder der Zielgruppe reagieren oder diese zumindest in der Ergebnisevaluation berücksichtigen. Für das direkte Feedback von Multiplikatoren und Zielgruppenmitgliedern bieten sich qualitative Interviews oder Gruppendiskussionen an.

Mit einer Evaluation nach Abschluss der Kampagne (oder einer bestimmten Kampagnenlaufzeit) können die Planer kontrollieren, ob die gewünschten Effekte im vorgesehenen Zeitraum erzielt wurden, also ob Veränderungen im Denken, Fühlen oder Verhalten eingetreten sind.

So befragt die BZgA regelmäßig Jugendliche und junge Erwachsene zu ihrem Konsum von Tabak, Alkohol oder Drogen, zu ihren Konsummotiven, Einstellungen und den situativen Bedingungen des Rauchens oder Trinkens. Mit Fragen zur Mediennutzung und Bekanntheit kann man auch erkennen, ob die Präventionsmaßnahmen erfolgreich waren. Auch an der Zahl der Impfungen oder Vorsorgeuntersuchungen sowie an der Bestellung von Informationsmaterial, an Klicks auf Webseiten oder an Anrufen bei einer Telefonhotline lässt sich messen, ob eine Kampagne erfolgreich war.

Neben den erwünschten Effekten können Kampagnen aber auch unerwünschte Effekte haben. So können die Kampagnenbotschaften unrealistische Hoffnungen oder übermäßige Sorgen bis hin zu Panik, Verwirrung oder Schuldgefühlen auslösen. Schockierende oder humorvolle Bilder laufen immer Gefahr, auf Ablehnung zu stoßen oder anders interpretiert zu werden, als die Kampagnenplaner dies beabsichtigt haben. Aber auch richtig verstandene Botschaften haben eventuell negative Folgen für die Gesundheit. So kann eine einseitig positive Darstellung der Vorteile von Vorsorgeuntersuchungen Personen dazu verleiten, diese in Anspruch zu nehmen, ohne sich vorher auch über die Risiken zu informieren oder sich mit der Frage auseinanderzusetzen, wie sie mit einem etwaigen positiven Befund in einer Früherkennung umgehen würden. Dies kann sich durch eine Überversorgung (z. B. aufgrund übertriebener Sorge) auch gesellschaftlich finanziell negativ auswirken.

Bei Jugendlichen kann es passieren, dass ein als riskant dargestelltes Verhalten (wie Drogen- und Alkoholkonsum oder schnelles Fahren) erst durch die Kampagne attraktiv erscheint oder bekannt wird. Ebenso ist es möglich, dass durch eine Kampagne die Hilfsbereitschaft für Betroffene abnimmt oder bestimmte Personengruppen sich dadurch ausgegrenzt fühlen. Dies war beispielsweise bei den ersten AIDS-Kampagnen der Fall, die sich auf Homosexuelle konzentrierten. Plakatkampagnen gegen Adipositas mit Bildern von übergewichtigen Kindern und Jugendlichen können den Eindruck entstehen lassen, dass übergewichtige Kinder und Jugendliche für ihr Gewicht vor allem selbst verantwortlich sind, obwohl auch genetische Dispositionen, Personen im Umfeld und die Lebensverhältnisse eine Rolle spielen.

6. Gesundheitliche Folgen der Mediennutzung

Die Nutzung von Medien kann immer mit positiven oder negativen Effekten für unsere Gesundheit verbunden und damit funktional oder dysfunktional sein. Dafür ist es nicht notwendig, dass wir uns selbst aktiv über Gesundheitsthemen informieren oder von einer Kampagne beeinflussen lassen. Selbst wenn wir die Gesundheitsinformationen in den Medien nur nebenbei wahrnehmen oder es gar nicht um Gesundheitsthemen geht, kann dies einen Einfluss darauf haben, ob und wie sich unser körperlicher oder seelischer Zustand verändert. Dafür können die Medieninhalte und die verschiedenen Medienformen, aber auch die reine Quantität der Mediennutzung sowie Art und Weise der Informationsverarbeitung verantwortlich sein.

Im 17. Jahrhundert werden die möglichen Folgen des Zeitunglesens mit Besorgnis wahrgenommen. Kritiker befürchteten, dass die Leser fortan aus den Anstrengungen und Einschränkungen des täglichen Lebens fliehen und die dargestellten Verbrechen zur Nachahmung anregen könnten. Auch Sensationslust und mögliche Folgen unangemessener Neugierde galten als gefährliche Begleiterscheinung der Presse.

Im 18. Jahrhundert folgte die Warnung vor der »Lesesucht« bei fiktionaler Literatur. Man fürchtete einen schädlichen Einfluss der Lektüre von gefühlsbetonten Romanen,

© Springer Fachmedien Wiesbaden GmbH, ein Teil von Springer Nature 2018
D. Reifegerste und E. Baumann, *Medien und Gesundheit*, Medienwissen kompakt, https://doi.org/10.1007/978-3-658-20013-8_6

insbesondere auf Frauen und Jugendliche, die sich vermeintlich besonders stark mit den Romanfiguren identifizierten und sich in der Folge zu stark auf Liebesdinge konzentrierten. Neben Realitätsflucht wurde nicht nur eine Gefahr für die psychische Gesundheit (das Seelenheil) der Leser befürchtet, sondern auch Schaden für die körperliche Gesundheit. 1791 nannte Karl Georg Bauer »Hypochondrie [...] Stockungen und Verderbniß im Blute, reitzende Schärfung und Abspannung im Nervensystem, Siechheit und Weichlichkeit im ganzen Körper« als mögliche Folgeerscheinungen exzessiver Lektüre. Auch für Schlafstörungen und innere Unruhe war die »Lesesucht« verantwortlich.

Die Kritik erreichte ihren Höhepunkt mit der umfangreichen Debatte um den Roman »Die Leiden des jungen Werther« von Johann Wolfgang von Goethe, der 1774 erschien und zu zahlreichen Selbstmorden unter den jüngeren Lesern geführt haben soll. Bis heute wird unter dem Begriff »Werther-Effekt« diskutiert, inwieweit Darstellungen von Suiziden (sowohl in der Literatur als auch in der Berichterstattung und in fiktionalen Unterhaltungsangeboten) zu Nachahmungstaten führen.

Folgen der Nutzung audiovisueller Medien

Im 19. und 20. Jahrhundert entstanden zahlreiche neue audiovisuelle Medien. Medieninhalte wurden somit für ein Massenpublikum zugänglich, und die Medientechnik ermöglichte eine emotionalere und intensivere Rezeption. Obwohl die Forschung vor allem negative Folgen untersucht, zeigen Studien doch auch positive Gesundheitseffekte. So dient insbesondere die unterhaltsame und spielerische Fernseh- und Videospielenutzung zur Stimmungsregulation (»Mood-Management«), zur Stressregulation, zum Zeitvertreib oder zur

Ablenkung von Grübelei und kann somit zur seelischen Gesundheit beitragen.

Mediale Vorbilder oder die Berichterstattung über Gesundheitsrisiken können für Risiken sensibilisieren und individuelle Einstellungen sowie gesellschaftliche Normen (z. B. zu gesunder Ernährung oder Hilfeverhalten) positiv verändern. Die Identifikation mit Medienfiguren hilft eventuell dabei, sich wichtige Kompetenzen und Handlungsressourcen (z. B. Was tue ich in einem Notfall?) anzueignen. Parasoziale (also virtuelle) Beziehungen zu Medienpersonen verringern unter Umständen Einsamkeitsgefühle.

Dass Medien uns von eigentlichen Aufgaben ablenken und aus der Realität fliehen lassen, steht als Verdacht weiterhin im Raum. Neil Postman warnte 1986 sogar davor, dass wir uns aufgrund der Ausbreitung der Unterhaltungsmedien »zu Tode amüsieren«. Dabei hatte er bei dieser Warnung weniger unser körperliches Überleben im Blick, sondern rückte die Gefahren der politischen Gleichgültigkeit und Überangepasstheit des unterhaltungsorientierten Publikums in den Vordergrund. Er vermutete, dass Unterhaltung zwar kurzfristig positiv wirkt, uns aber langfristig so betäubt, dass wir leicht manipuliert werden können.

Wie in der Diskussion um die frühe »Zeitungssucht« stellt sich auch für audiovisuelle Medien die Frage, inwieweit sie Suchtpotenzial bergen oder die Gewaltbereitschaft erhöhen. Meist weniger offenkundig sind gesundheitsschädliche Wirkungen, die z. B. von einer intensiven Berichterstattung über Katastrophen ausgehen. So können insbesondere emotionale Bilder, die die Folgen für die Opfer zeigen, unter Umständen Symptome einer posttraumatischen Belastungsstörung hervorrufen, ohne dass die Rezipienten selbst vor Ort waren. Folglich können entsprechende Nachrichtensendungen wie gewalthaltige fiktionale Inhalte insbesondere für Kinder eine psychische Belastung darstellen oder indirekt auf die Gesundheit einwirken, indem sie die Bereitschaft zur Ausübung von Gewalt verstärken.

Gewaltdarstellungen haben zudem Effekte auf die Vorstellung von sozialer Realität. Mediennutzer, die häufig Verbrechen in den Medien sehen, nehmen die Realität aggressiver wahr, als sie ist. Diese sogenannten Kultivierungseffekte wurden auch für Mediendarstellungen von z. B. Körpernormen, Risiko- oder Ernährungsverhalten oder die Darstellung von Ärztinnen und Ärzten in Krankenhausserien oder Serien über Schönheitsoperationen beschrieben. Entsprechend verzerrte Wahrnehmungen führen unter Umständen zu Unzufriedenheit mit dem eigenen Körper, veränderten Einstellungen zur Ernährung, einem unrealistischen Bild des Arztberufes und der Abläufe in einem Krankenhaus oder zu einer positiveren Haltung gegenüber Schönheitsoperationen.

Unabhängig von den Medieninhalten kann bereits die tägliche, lang andauernde Nutzung von Bildschirmmedien (wie alle sitzenden Freizeitbeschäftigungen) zu negativen Gesundheitseffekten führen. Geringere körperlicher Aktivität und erhöhte Nahrungsaufnahme während der Mediennutzung sind häufig mit körperlichen Beschwerden wie Rückenschmerzen oder Übergewicht verbunden. Zeit, die wir mit Medien verbringen, geht zu Lasten von anderen Freizeitbeschäftigungen wie sportlichen und sozialen Aktivitäten. Diese Zusammenhänge zeigen sich sowohl für Frauen als auch für Männer und sind unabhängig vom Alter. Allerdings könnten neben der Nutzungsdauer zusätzlich die Medieninhalte (z. B. Werbung für zuckerhaltige Lebensmittel) für das erhöhte Körpergewicht der »Couch-Potatoes« verantwortlich sein. Auch kann der Wirkungsprozess andersherum verlaufen: Menschen, die sich nicht gerne körperlich betätigen oder dies aufgrund körperlicher Einschränkungen nicht können, gehen eben lieber sitzenden Beschäftigungen nach.

Um zu bewerten, ab wann die Mediennutzung problematisch ist und Suchtcharakter hat, ist nicht nur der zeitliche

Umfang zu berücksichtigen, sondern auch die Beeinträchtigung anderer Lebensbereiche. So kann exzessive Mediennutzung sowohl die körperliche als auch die psychische Gesundheit angreifen. Exzessive Videospieler vernachlässigen oft ihre sozialen Kontakte, ihre beruflichen oder schulischen Verpflichtungen und ihre finanziellen Belange. Zudem treten Entzugserscheinungen auf, wenn sie nicht spielen, und sie verlieren das Interesse an anderen Freizeitbeschäftigungen. Problematisch ist vor allem die individuelle Unfähigkeit, das eigene Medienverhalten zu kontrollieren, was oft mit anderen Krankheiten wie Depression oder sozialen Ängsten verbunden ist.

Ähnliche Symptome (Einsamkeit, depressive Verstimmungen, Vernachlässigung sozialer Beziehungen) können auch mit der exzessiven Nutzung von Fernsehinhalten einhergehen. Das Anschauen mehrerer aufeinanderfolgender Episoden von TV-Serien innerhalb kurzer Zeit wird als »Binge-Watching« bezeichnet. Dieser Begriff ist abgeleitet vom »Binge-Eating« oder »Binge-Drinking«, bei dem innerhalb kurzer Zeit größere Nahrungsmengen oder Alkohol aufgenommen werden. Während Binge-Drinking bei Jugendlichen teils mit Sensationslust einhergeht und in der Clique oder unter Altersgenossen oft soziale Anerkennung genießt, geht Binge-Eating in der Regel mit Schuld- oder Schamgefühlen einher. Binge-Watching dürfte eher dem Binge-Drinking vergleichbar sein, da es von den betreffenden Personen oft nicht als Problemverhalten anerkannt wird.

Folgen der Nutzung digitaler und sozialer Medien

Während die traditionellen Medien meist an einen bestimmten Ort und eine bestimmte Zeit gebunden sind, durchdringen digitale, mobile und soziale Medien unseren Alltag überall und zu jeder Zeit. Die Kommunikationswissenschaft hat hierfür den Begriff POPC (»permanently online, permantly conncected«) geprägt, der zum Ausdruck bringt, dass viele von uns inzwischen nahezu immer online, vernetzt und erreichbar sind.

Zudem stehen uns sehr große Mengen an Informationen und Angeboten zur Verfügung, was das Leben an vielen Stellen sehr viel einfacher und unkomplizierter macht. Informationen sind an dem Ort und zu der Zeit verfügbar, wenn sie gebraucht werden. So kann man nachschauen, wie hoch die Pollenbelastung ist, was ein gutes Hausmittel gegen Erkältung ist, ob Allergene im Einkaufswagen liegen, wo der nächste Arzt oder das nächste Restaurant ist. Dies sind Informationen, die sich sehr positiv auf die Gesundheit auswirken können. In Notfällen kann diese ständige Verfügbarkeit sogar Leben retten. So gibt beispielsweise die App »Vergiftungsunfälle bei Kindern« des Bundesinstituts für Risikobewertung wichtige Ratschläge, was im Fall einer Vergiftung mit Chemikalien, Medikamenten oder Pflanzen zu tun ist. Und natürlich ist auch ein Anruf in der Notrufzentrale (bei ausreichend Empfang und Akku) immer und überall möglich, bei den meisten Geräten sogar ohne Guthaben.

Insbesondere die mobile Verfügbarkeit und die automatischen Datentracking-Funktionen z. B. körperlicher Aktivitäten werden vielfach für bewegungsfördernde Angebote eingesetzt. So bieten Apps wie »Runtastic« die Möglichkeit, die eigenen Fortschritte beim Laufen oder Radfahren zu beobachten und das »Motivationsprogramm« an die eigene Situation (z. B. Gesundheitszustand, verfügbare Zeit) anzupassen. Sowohl die Programmelemente als auch das Feedback des virtuellen Trainers (»neue Bestzeit«) oder die Ermutigung durch andere (etwa aus einer angebundenen Facebookgruppe) lassen sich individuell an den eigenen Zielen und Bedürfnissen ausrichten. Ähnliche Möglichkeiten eines positiven »Selbstmonitorings« halten Apps bereit, die das Ernährungs- und

Trinkverhalten oder die Medikamenteneinnahme protokollieren oder andere medizinische Parameter bereithalten. Auch die Einbindung von spielerischen Bewegungselementen in Apps (z. B. »Pokemon Go«) oder in sogenannten Exergames, die Tanzschritte oder Tennisschläge abverlangen, kann einen positiven Einfluss auf die Gesundheit haben.

Darüber hinaus kann die mediale Verbundenheit mit anderen positive Effekte auf die seelische Gesundheit haben. Ein mobiler Arbeitsplatz beispielsweise ermöglicht die bessere Vereinbarkeit von Familie und Beruf. Zu wissen, dass es allen in Familie und Freundeskreis gut geht, und bei Bedarf einen Gesprächspartner zu finden, verhindert Einsamkeitsgefühle und Verlustängste. Bereits die Wahrnehmung, dass potenziell jemand verfügbar wäre oder jemand an einen denkt, kann das Wohlbefinden deutlich steigern.

Zudem bestehen durch die persönlichen Netzwerke gute Chancen, jemanden mit gleichen Interessen oder gleichen gesundheitlichen Problemen zu finden. Insbesondere, wenn es sich um eine seltene Krankheit handelt, von der im persönlichen Umfeld niemand betroffen ist, helfen soziale Medien, schnell einen großen Adressatenkreis zu erreichen. Selbsthilfegruppen im Onlineformat unterstützen Betroffene, die sich im persönlichen Gespräch niemandem anvertrauen möchten (z. B. weil es sich um eine stigmatisierte Krankheit wie Depression oder AIDS handelt) oder die in ihrer Mobilität eingeschränkt sind (z. B. weil sie zuhause einen demenzkranken Angehörigen pflegen oder sehr übergewichtig sind).

Negative Wirkungen auf die Gesundheit sind die Schattenseite der neuen Medienwelt. So kann die Möglichkeit, ständig online zu sein, sich zu dem sozialen Erwartungsdruck auswachsen, auch permanent erreichbar und verfügbar sein zu müssen, um keine Informationen zu verpassen und hierauf stets zeitnah zu reagieren. Insbesondere bei Menschen, denen soziale Anerkennung sehr wichtig ist oder die ständige Verfügbarkeit als Teil ihrer beruflichen Rolle betrachten, kann dieser Druck Stress, Besorgnis, Anspannung Schlafstörungen, Burnout oder Depressionen hervorrufen. Schon die Unterbrechung und Ablenkung von gerade ausgeführten Aufgaben führt zu eher uneffektivem Multitasking, mehr Stress und Anspannung. Mobile Onlinenutzung in unangebrachten Situationen (z. B. im Straßenverkehr) beschwört unter Umständen gefährliche Situationen herauf.

Vor allem Jugendliche haben schlaflose Nächte aus Angst, wichtige Ereignisse ihres sozialen Netzwerks zu verpassen, die am folgenden Tag besprochen werden. Aber auch in Paarbeziehungen und/oder in beruflichen Kontexten versetzt die Erwartung, dass Nachrichten sofort – selbst am Abend und am Wochenende – zu beantworten sind, in einen Zustand permanenter Alarmbereitschaft. Die fehlende Abgrenzung privater und beruflicher Kontexte hat in einigen Berufsfeldern zu höheren Raten an psychischen Krankheiten geführt. Aus diesem Grund haben verschiedene Arbeitgeber bereits technische Grenzen gesetzt, um die Erholungszeiten der Mitarbeiter sicherzustellen. So schaltet Volkswagen den Mailserver nach Dienstschluss ab.

Ebenso wie bei der Fernsehnutzung kann der Umgang mit dem Internet, mit sozialen Medien oder Onlinespielen bisweilen zur Sucht werden. In Deutschland sind schätzungsweise ein bis zehn Prozent der Bevölkerung von Internetsucht betroffen, wobei es sehr schwierig ist einzuschätzen, wann genau eine Nutzung als problematisch bzw. pathologisch zu bezeichnen ist. Während die exzessive Nutzung von Onlinespielen vor allem ein Problem männlicher Jugendlicher und junger Männer ist, zeigt sich die pathologische Nutzung sozialer Medien auch in anderen Bevölkerungsgruppen.

Dabei ist zu berücksichtigen, dass auch die Nichtnutzung dieser Medien mit Stress verbunden sein kann. Wissenschaftler in Kalifornien baten in Experimenten Teilnehmer, ihr Smartphone für eine längere Zeit (bis zu einer Stunde) nicht zu nutzen. Insbesondere solche Personen, die ihr Smartphone häufig nutzen, empfanden zunehmende Unruhe, wenn sie ihre eingehenden Nachrichten nicht prüfen konnten.

Für die Bewertung des Medieneinflusses ist weniger die absolute Anzahl der hereinströmenden Informationen entscheidend als die subjektive Bewertung und die individuelle Bewältigung dieser Informationen. Insbesondere ältere Erwachsene scheinen von der Informationsflut überfordert zu sein, während jüngere Erwachsene, die bereits mit digitalen Medien aufgewachsen sind, schon bessere Strategien des Umgangs entwickelt haben. Während risikofreudige Personen scheinbar leichter mit der Vielzahl an Informationen aus dem sozialen Umfeld umgehen können, nehmen Personen, die gewissenhaft und pflichtbewusst sind, dies eher als Druck wahr.

Anders als beim Umgang mit traditionellen Massenmedien ist es in den sozialen Medien erforderlich, sich aktiv zu beteiligen und auch selbst zu präsentieren. Dies ist insbesondere für Personen problematisch, die großen Wert auf soziale Anerkennung legen und perfektionistisch veranlagt sind, da die Präsentation der anderen meist geschönt ist. In einem solchem Fall kann der soziale Vergleich mit anderen, vermeintlich attraktiveren oder sozial erfolgreicheren Nutzern zu vermindertem Selbstbewusstsein und hohem Leistungsdruck führen. Dieses Problem besteht bereits bei parasozialen Beziehungen zu Medienfiguren. Der Vergleich mit »Leuten wie du und ich« in den sozialen Medien aber hat für Jugendliche und junge Erwachsene, die noch in der Selbstfindung sind, besonders große Bedeutung.

Die digitale Selbstüberwachung ermöglicht zwar eine individuelle Anpassung der Gesundheitsangebote, bei Missbrauch der Daten hat sie aber auch negative soziale Auswirkungen. So können sich durch die gewünschte oder unerwünschte Veröffentlichung von Informationen Probleme mit Kollegen, Familie und Freunden, dem Arbeitgeber oder der Versicherung ergeben – wenn etwa der Arbeitgeber die Bilder einer privaten Feier auf Facebook sieht. Wird auf diesem Weg eine Erkrankung oder der in einer App dokumentierte Gesundheitszustand bekannt, hat dies möglicherweise negative Auswirkungen in Bonusprogrammen oder bei der Prämie für private Versicherungen. Zudem ermöglicht die Zusammenführung von Gesundheitsdaten vieler Nutzerinnnen und Nutzer (sog. Big Data-Analysen) die Erstellung von Vorhersagemodellen und Algorithmen, die sowohl zur Prävention von Krankheiten (z. B. durch gezielte Ansprache von Risikogruppen) als auch zur Diskrimierung einzelner Bevölkerungsgruppen (z. B. bei der Besetzung von Arbeitsstellen) führen können.

Noch problematischer für die Gesundheit ist die Verletzung der Privatsphäre, wenn es sich um »Cybermobbing« bzw. »Cyberbullying« handelt. Hiervon spricht man, wenn soziale Medien dazu genutzt werden, um Personen oder Gruppen (z. B. auch Firmen) zu beleidigen, zu belästigen (auch sexuell), zu bedrohen oder bloßzustellen. Cybermobbing ist vor allem unter Jugendlichen sehr verbreitet, da sie sehr intensive Nutzer der sozialen Medien sind, soziale Dynamiken unter Heranwachsenden stark ausgeprägt sind und sie meist sehr großen Wert auf die soziale Anerkennung durch Gleichaltrige legen. Gerade bei ihnen geht die Belästigung in den digitalen Medien häufig mit einer Bedrohung in der realen Welt einher, da sich Opfer und Täter meistens persönlich kennen. Das negative Ausmaß des Cybermobbings in sozialen Medien ist aber weitläufiger und gefährlicher, weil sich die Inhalte dort sehr schnell an ein großes Publikum verbreiten. Da die Täter in der Regel anonym bleiben, haben sie weniger Hemmungen, zumal ihnen bekannt ist, dass es schwer ist, sie zu identifizieren und zu stoppen. Cybermobbing trifft vor allem Personen, die aktiv in den sozialen Medien unterwegs sind und dort viel von sich preisgeben. Es kann aber auch für Menschen zum Problem werden, die soziale Medien nicht nutzen – entweder weil sie eben dort nicht präsent sind oder nicht mitbekommen, wenn negative Informationen über sie in Netzwerken verbreitet werden.

Ursachen und Vorbeugung negativer Folgen der Mediennutzung

Der Blick auf die Mediengeschichte hat gezeigt, dass neue Medien zwar häufig mit zahlreichen Hoffnungen verbunden sind. Dennoch wird immer wieder vor den Risiken (wie »Zeitungssucht«, »Lesewut« oder »Fernsehfieber«) gewarnt. Dabei tauchen bestimmte Befürchtungen (wie Realitätsflucht, Nachahmungseffekte) über alle historischen Epochen hinweg immer wieder von Neuem auf. So werden wir in Zukunft wohl diskutieren, welche Wirkungen Virtual Reality-Anwendungen haben, die einerseits zur Behandlung von Phobien oder in der Schmerztherapie eingesetzt werden, andererseits aber auch Tendenzen von Realitätsflucht unterstützen können.

Der Diskussionsschwerpunkt liegt meist auf den negativen Folgen der Mediennutzung, auch wenn sich kein Medium pauschal verurteilen lässt. Die Kommunikationswissenschaftlerin Anne Bartsch macht deutlich, dass jeweils ähnliche Phänomene (wie etwa zu hohe Emotionalisierung, zu große Ablenkung) in der Kritik stehen, die sich historisch gesehen aber keineswegs auf ein einzelnes Medium zurückführen lassen, sondern vielmehr die Bedürfnisse des Publikums nach Neuigkeiten, Emotionen und Unterhaltung widerspiegeln. Wenn wir so viel Zeit mit Medien verbringen, scheint es dafür wichtige Gründe zu geben. Medien erfüllen Bedürfnisse nach Selbstbestimmung oder Verbundenheit und dienen als Ersatz für Bedürfnisse, die im Alltag nicht befriedigt werden können. Interessanterweise gelten übrigens einst kritisierte Mediennutzungsformen, wie das Lesen von Büchern und Zeitungen oder das Programmieren, heute durchaus als wünschenswerte Aktivitäten.

Bei der Bewertung von Medienwirkungen für die Gesundheit ist immer der genaue Kontext zu berücksichtigen. Meistens treten die Effekte nicht global und unmittelbar auf, sondern sind von bestimmten Situationen, vom sozialen Umfeld, von individuellen Eigenschaften und weiteren Rahmenbedingungen abhängig. So kann ein Videospiel ebenso Erholung von der Arbeit wie Ablenkung von wichtigen Verpflichtungen bedeuten. Zudem ist von Bedeutung, wie häufig und wie lange gespielt wird und ob die fehlende Möglichkeit zu spielen als Belastung empfunden wird. Positive Wirkungen sind vor allem dann zu erwarten, wenn die Mediennutzung moderat und selbstbestimmt erfolgt und eher der Selbstkontrolle dient.

Es gibt unterschiedliche Möglichkeiten, die negativen gesundheitlichen Folgen der Mediennutzung zu verringern. So kann der Gesetzgeber rechtliche Rahmenbedingungen schaffen, Vorgaben zur Medienregulierung machen oder Empfehlungen zur verantwortungsvollen Berichterstattung beispielsweise über Suizide oder Essstörungen geben. Auch für einen angemessenen Internetkonsum liegen sehr konkrete Empfehlungen vor, z. B. von der Initiative »klicksafe« oder der Bundeszentrale für gesundheitliche Aufklärung. Schließlich können medienpädagogische Aufklärung und Fördermaßnahmen dazu beitragen, mit Medien kritisch und bewusst umzugehen.

7. Fazit und Ausblick

Dieses Buch sollte aufzeigen, welche Rolle die Medien für die Gesundheit spielen. In ihren unterschiedlichen technischen Varianten und mit den unterschiedlichsten Inhalten haben Medien zahlreiche positive wie negative Auswirkungen auf unser körperliches und seelisches Befinden. Diese Effekte können auch dann auftreten, wenn sie weder von den Medienproduzenten noch von den Mediennutzern beabsichtigt sind oder bemerkt werden. Von entscheidender Bedeutung ist dabei, welche Art von Gesundheit wir betrachten (die körperliche oder die seelische, die objektive oder die subjektive), welchen Gesundheitszustand der Nutzer hat und um welche Art von Krankheit oder Gesundheitsverhalten es sich handelt.

Die Medien- und Gesundheitskompetenz der Bevölkerung ist eine zentrale Voraussetzung dafür, dass Medien positiv auf die Gesundheit einwirken können. Entsprechend hat die Bundesregierung Gesundheitskompetenz zum nationalen Gesundheitsziel erklärt und fördert in den nächsten Jahren zahlreiche Projekte und Maßnahmen. Dennoch setzt selbst die beste Gesundheitskompetenz voraus, dass dem Medienpublikum evidenzbasierte und qualitätsgesicherte Informationen zur Verfügung stehen, die sich an den Werten und Bedürfnis-

© Springer Fachmedien Wiesbaden GmbH, ein Teil von Springer Nature 2018
D. Reifegerste und E. Baumann, *Medien und Gesundheit*, Medienwissen kompakt, https://doi.org/10.1007/978-3-658-20013-8_7

sen der Patientinnen und Patienten orientieren und nicht nur die Interessen einzelner Gesundheitsakteure repräsentieren.

Viele weitere Aspekte konnten wir nur andeuten. Dazu zählt auch die Rolle der Medien für die Gesundheit in anderen Ländern. So ist es in Ländern mit schlechterer Gesundheitsversorgung als in Deutschland üblich, dass der Arzt (oder auch die Hebamme) bei einer Geburt nur per Mobiltelefon verfügbar ist. Dabei müssen zum Beispiel die Hebammen in Indonesien so tun, als ob das Handy einem männlichen Verwandten von ihnen gehört, da es Frauen untersagt ist, ein eigenes Telefon zu besitzen. In Ländern wie Pakistan wiederum werden Gesundheit und Krankheit sehr viel stärker als Schicksal verstanden, sodass den Menschen dort eine Krankenversicherung und Präventionsmaßnahmen unsinnig erscheinen. Diese Beispiele machen deutlich, dass Forschungsergebnisse zum Thema »Medien und Gesundheit« nicht ohne weiteres auf andere Länder und Kulturen übertragbar sind. Bereits innerhalb von Europa zeigen sich deutliche Unterschiede. So ist die Suche nach Gesundheitsinformationen in den Ländern höher, die – wie Deutschland – einen großen Wert auf das Individuum und damit die Eigenverantwortung legen, während sie in Ländern mit Gemeinschaftsorientierung geringer ausfällt.

Ähnlich wie der Ländervergleich zeigt die historische Perspektive, wie stark die Rolle der Medien dem Wandel des Gesundheitswesens sowie kommunikationstechnologischen Innovationen unterworfen ist. Auch die gesellschaftlichen und politischen Rahmenbedingungen spielen eine große Rolle. So informierte das Deutsche Hygienemuseum, ein Vorläufer der Bundeszentrale für gesundheitliche Aufklärung, in seinen Anfängen 1911 mit den damals neuesten medialen Techniken (etwa lebensgroßen dreidimensionalen Wachsmodellen von kranken Körperteilen) über Gesundheitsthemen wie Tuberkulose, Haut- und Geschlechtskrankheiten und die allgemeine Anatomie des Menschen. Nach 1933 stellte das Museum seine damals modernen Vermittlungsmethoden dann in den Dienst der nationalsozialistischen Rassenideologie.

Gesellschaftliche Rahmenbedingungen werden auch in der Zukunft das Zusammenspiel von Medien und Gesundheit maßgeblich beeinflussen. Dazu gehören vor allem die technischen Weiterentwicklungen. Innovationen (wie im Bereich Virtual Reality) werden immer wieder Fragen aufwerfen, ob und wie sie sich auf die Gesundheit auswirken. Für den einzelnen zählt, inwieweit er Neuerungen für seine speziellen Gesundheitszwecke nutzen kann oder ob die Mediennutzung seinem eigenen Wohlbefinden zuträglich ist. Denn eigenverantwortlich entscheidende Patientinnen und Patienten bleiben weiterhin ein wünschenswertes Ziel. Ärzte und Ärztinnen und andere Leistungserbringer werden sich künftig noch mehr mit Medienwirkungen auseinandersetzen müssen. Für die Gesellschaft schließlich stellt sich die Frage, ob und wie staatliche Institutionen Reglementierungen einführen sollten, die Medien für Gesundheitszwecke besser nutzbar machen oder gegebenenfalls auch einschränken.

Zum Weiterlesen

Bonfadelli, Heinz/Thomas N. Friemel (2010): Kommunikationskampagnen im Gesundheitsbereich. Grundlagen und Anwendungen. Konstanz: UVK.
Der Band beschäftigt sich mit der Entwicklung von Kommunikationskampagnen und beinhaltet Checklisten für die Anwendung in der Praxis.

Hurrelmann, Klaus/Eva Baumann (Hrsg.) (2014): Handbuch Gesundheitskommunikation. Bern: Verlag Hans Huber.
In den 35 Beiträgen werden viele der hier beschriebenen Entwicklungen ausführlicher und mit Verweisen auf kommunikationswissenschaftliche, psychologische, medizinische und soziologische Fachdebatten dargestellt.

Rossmann, Constanze/Matthias R. Hastall (Hrsg.) (2018): Handbuch Gesundheitskommunikation. Wiesbaden: Springer Fachmedien.
Das Handbuch gibt einen prägnanten und umfassenden Überblick über die gesamte Breite kommunikationswissenschaftlicher Theorie und Forschung zur Gesundheitskommunikation.

© Springer Fachmedien Wiesbaden GmbH, ein Teil von Springer Nature 2018
D. Reifegerste und E. Baumann, *Medien und Gesundheit*, Medienwissen kompakt, https://doi.org/10.1007/978-3-658-20013-8

Glossar

Botschaftsstrategien: Um die Ziele und Zielgruppen von Kommunikationskampagnen bestmöglich zu erreichen, gibt es verschiedene Möglichkeiten, Inhalte darzustellen. Eine häufig verwendete Botschaftsstrategie ist der Furchtappell, mitunter kann aber ein Humorappell besser geeignet sein.

Cybermobbing: Wenn digitale Medien (wie Internetseiten, soziale Netzwerke, Videoportale) dazu genutzt werden, Personen oder Gruppen zu beleidigen, zu belästigen, zu bedrohen oder bloßzustellen, spricht man von Cybermobbing oder Cyberbullying.

Empowerment: Beschreibt die Befähigung von Patienten, sich informiert zu entscheiden.

Entertainment Education: Eine Strategie, bei der gesundheitsförderliche Botschaften oder Bildungsinhalte in Unterhaltungsangebote (wie Serien oder Spielfilme) integriert werden, die die Zielgruppen in ihrer Freizeit nutzen. Es wird angenommen, dass diese Formate die Zielgruppe besser er-

© Springer Fachmedien Wiesbaden GmbH, ein Teil von Springer Nature 2018
D. Reifegerste und E. Baumann, *Medien und Gesundheit*, Medienwissen kompakt, https://doi.org/10.1007/978-3-658-20013-8

reichen und Lernprozesse durch das Eintauchen in eine Geschichte besser möglich sind.

Evidenzbasierte Gesundheitsinformationen: Belegbare Aussagen, die auf systematischer, hochwertiger Forschung beruhen und für Laien verständlich dargestellt sind. Im Internet finden sich evidenzbasierte Gesundheitsinformationen bei Anbietern wie dem Institut für Qualität und Wirtschaftlichkeit im Gesundheitswesen (IQWiG), dem Ärztlichen Zentrum für Qualität in der Medizin (AZQ) oder dem Krebsinformationsdienst des Deutschen Krebsforschungszentrums in Heidelberg (DKFZ).

eHealth und mHealth: Während sich eHealth auf alle elektronischen Gesundheitsdienstleistungen und -anwendungen (z. B. Telemedizin und Internetangebote) bezieht, schließt der Begriff mHealth nur solche für mobile Geräte (z. B. Apps) ein.

Evaluation: Bei einer Evaluation wird systematisch untersucht, wie erfolgreich eine Kommunikationsmaßnahme sein wird, ist oder war. Vor einer Kampagne steht eine formative Evaluation (z. B. als Pretest), danach folgt eine summative Evaluation.

Fallbeispiel: Einzelfalldarstellungen zur Illustration eines Themas, wie beispielsweise direkte oder indirekte Schilderungen von Betroffenen einer Erkrankung. Sie werden sowohl in der Berichterstattung als auch in Gesundheitskampagnen eingesetzt, um Interesse zu wecken, die Erinnerungsleistung zu erhöhen und Verhalten zu verändern. Man spricht auch von Testimonial.

Framing: Bezeichnet die Rahmung, also die Darstellungsweise eines Themas. Dabei werden bestimmte Aspekte eines Themas betont und andere vernachlässigt. Am intensivsten erforscht ist das Gain-Loss-Framing. Hier geht es darum, jeweils den Gewinn oder die Verluste eines Gesundheitsverhaltens zu betonen.

Gesundheitsakteure: Personen, Institutionen und Organisationen im Gesundheitswesen bzw. im Gesundheitsmarkt mit unterschiedlichen Aufgaben und Interessen. Dazu gehören vor allem die sogenannten Leistungserbringer wie niedergelassene Ärzte, Therapeuten und medizinisches Personal in Kliniken, aber auch die Medizintechnikindustrie, Pharmaunternehmen, Sanitätshäuser oder Gerätehersteller. Die Finanzierung der Gesundheitsversorgung wird in Deutschland größtenteils von den gesetzlichen und privaten Krankenkassen übernommen. Patientinnen und Patienten und Angehörige organisieren sich in Interessensverbänden.

Gesundheitskompetenz: Im Englischen auch als »Health Literacy« bezeichnet, beschreibt Gesundheitskompetenz die Fähigkeit, mit Gesundheitsinformationen umzugehen und entsprechende Entscheidungen für die eigene Gesundheit zu treffen. Der im Englischen verwendete Begriff Literacy meint ursprünglich vor allem die Schreib- und Lesekompetenz, Gesundheitskompetenz schließt aber auch den Umgang mit Medien ein.

Involvement: Von Involvement spricht man, um die Größe des Interesses oder kognitiven Aufwandes bei einer Entscheidung oder einer Medienrezeption zu beschreiben. Bei hohem Involvement dürften Medieninhalte besser erinnert werden als bei niedrigem Involvement.

Kultivierung: Es wird vermutet, dass intensive Mediennutzung dazu führt, dass sich die Realitätsvorstellungen des Publikums verändern und sich eher an die dargestellte Medienrealität angleichen (und damit kultiviert werden). Dies trifft auch für Vorstellungen von gesundheitsbezogenem Verhalten wie Alkoholkonsum oder Ernährung zu.

Nachrichtenwerte: Nachrichtenwerte sind Faktoren eines Ereignisses, die es berichtenswert erscheinen lassen. So werden eher Nachrichten publiziert, die überraschend oder räumlich nah sind und einen Konflikt aufweisen.

Narrativ: Ein Sachverhalt wird anhand der Geschichte eines Einzelfalls geschildert. Erzählende Darstellungen gelten als verständlicher und unterhaltsamer für das Publikum als analytische oder beschreibende Darstellungen. Wird auch als Storytelling bezeichnet.

Prävention: Während die Primärprävention bei den Gesunden ansetzt, um Erkrankungen vorzubeugen, versuchen sekundärpräventive Ansätze, den Erkrankten zu helfen, wieder gesund zu werden. Tertiärprävention liefert Maßnahmen für das Management chronischer Erkrankungen.

Prävalenzraten: Eine Kennzahl, die beschreibt, wie häufig ein Symptom oder eine Erkrankung in der Bevölkerung in einem bestimmten Zeitraum vorkommt.

Salutogenese: Im Gegensatz zur Pathogenese wird hier untersucht, was den Menschen gesund erhält, und nicht, warum er krank wird. Somit geht es nicht nur um die Vorbeugung und Behandlung von Krankheiten, sondern auch um die Erhaltung und Verbesserung des Gesundheitszustands und die Widerstandskraft gegen potenzielle Belastungen (Resilienz).

Wissenskluft: Die unterschiedliche Verarbeitung von Gesundheitsinformationen aufgrund von Bildungs- und Wissensunterschieden führt dazu, dass Wissen bei den einen verstärkt wird und bei den anderen abnimmt. Damit verbunden

ist auch der »Digital Divide«, der den sozial ungleichen Zugang zum Internet und damit eine weitere Ursache für Wissensklüfte beschreibt.

Printed in the United States
By Bookmasters